KB275833

10대와 통하는 정치학

고성국 박사가 들려주는 정치와 민주주의

10대와 통하는 정치학

(고성국 박사가 들려주는 정치와 민주주의)

제1판제1쇄 발행일 2007년 12월 19일
제26쇄 발행일 2023년 1월 1일

글쓴이 | 고성국, 그린이 | 배인완
기획 | 책도둑(김민호, 박정훈, 김위종)
기획에 도움을 주신 분들 | 문현식, 김기옥, 고봉초등학교 학생들
디자인 | 류미영
펴낸이 | 김은지
펴낸곳 | 철수와영희
등록번호 | 제319-2005-42호
주소 | 서울시 마포구 월드컵로 65, 302호(망원동, 양경회관)
전화 | (02)332-0815
팩스 | (02)6003-1958
전자우편 | chulsu815@hanmail.net

ISBN 978-89-958338-5-8   43340

철수와영희 출판사는 어린이 철수와 영희, 어른 철수와 영희에게 도움 되는
책을 펴내기 위해 노력합니다.

10대와 통하는 정치학

고성국 박사가 들려주는 정치와 민주주의

철수와 영희

교실에서 시작하는 작은 민주주의

제가 10대와 20대를 보낸 1970~1980년대는 참으로 질풍노도와 같은 시대였습니다. 이 20년간 유신 체제가 나타났다 무너졌고, 12·12 쿠데타로 신군부가 다시 집권했습니다. 부산·마산 민주 항쟁과 5·18 광주 민주화 운동 그리고 1987년 6월 민주 항쟁이 일어났습니다. 군부 독재 정권에 저항한 민주화 투쟁 과정에서 수백 명이 죽었으며 수만 명의 사람들이 감옥에 끌려갔습니다.

여러분은 이런 얘기를 들으면 어떤 생각이 드나요? 꼭 남의 나라 얘기처럼 들리진 않나요? 그러나 영화에나 나올 법한 이런 일들이 불과 20년 전 우리 나라에서 실제로 벌어졌습니다. 그것은 20년 전 여러분의 어머니, 아버지들이 직접 겪었던 '현실'이었습니다.

군부 독재 정권의 삼엄한 감시와 폭력 아래에 짓눌려 살면서도 국민들은 한마음으로 나라를 걱정하고 민주주의를 기원했습니다. 데모를 하다 쫓기는 대학생들을 가게 문을 열고 숨겨주었고 '너희들 마음 다 안다' 면서 넌지시 힘을 북돋아주었습니다.

1987년 6월 민주 항쟁으로 우리 나라에서 군부 독재 정권은 완전히 물러갔습니다. 그후 20년, 민주주의를 외치던 '거리의 함성'은 추억으로만 남아 있습니다. 누구도 더 이상 과거처럼 민주주의를 얘기하지 않습니다. 간혹 정치 얘기라도 하면 이상한 사람 취급받기가 십상입니다. "뭐

그런 거에 신경 쓰냐, 할 일도 많은데……." 하는 식이지요. 그러나 과연 그럴까요? 민주주의와 자유는 결코 그냥 주어지는 것이 아닙니다. 지금 여러분이 민주주의와 자유를 누리고 있다면 그것은 누군가가 그 대가를 지불했기 때문입니다. 그 사람들은 아마도 여러분의 어머니, 아버지였을 것입니다. 똑같은 논리로, 만약 여러분이 지금 민주주의와 자유를 위해 무언가를 하지 않는다면 20년 후 여러분의 자식들이 여전히 민주주의와 자유를 누리며 살 것이라는 어떠한 보장도 할 수가 없습니다.

다음 세대가 여러분과 같이 자유롭고 민주적인 사회에서 살기를 원한다면 여러분은 바로 '지금, 여기'에서 민주주의와 자유의 확장을 위해 무언가를 해야 합니다. 그것은 야만적이고 반민주적인 '왕따 문화'를 여러분의 학교와 교실에서 추방하는 일일 수도 있고 공동체적 연대 의식으로 어려운 이웃을 돌보는 '작은 봉사 활동'일 수도 있습니다. 이 책은 이런 소박한 희망과 바람을 담고 있습니다. 이 책을 통해 한번쯤 여러분 주위를 애정과 관심으로 돌아볼 수 있기를 바랍니다.

이 책을 통해 여러분의 어머니와 아버지를, 할머니와 할아버지를 우리 현대사 속에서 객관화시켜 이해할 수 있었으면 좋겠습니다. 무엇보다도 여러분 한 사람 한 사람이 삶의 주인이요, 우리 사회와 우리 역사의 주체임을 자각할 수 있게 되길 바랍니다. 민주주의는 바로 거기에서 시작됩니다.

2007년 12월 고성국

차례

10
정당과 시민 단체,
지방 자치에 대해
알려주세요

11
지구촌
민주주의에 대해
알려주세요

정치가 뭐예요?

불완전한 인간들이 사회를 이루고 살면 필연적으로 여러 가지 문제가 발생합니다. 서로 생각과 이해관계가 달라 갈등이 생길 수밖에 없고 이 갈등을 방치하면 마침내는 '힘의 논리'가 생겨 힘 있는 사람이 마음대로 하는 상태가 됩니다. 누구도 안전하지 못한 상태가 되는 것이지요.

정치가 뭐예요?

 정치를 알기 위해서는 인간과 인간의 역사에 대해 알아야 합니다. 인간의 역사는 존재의 불완전함을 극복하고 완전함에 도달하려는 영웅적 모험의 역사입니다. 그러나 끝내 완전함에 도달하지는 못하는 비극의 역사이기도 합니다. 동시에 어떠한 좌절에도 굴하지 않고 또 다시 도전해온 불굴의 투쟁사이기도 합니다.

그리스 신화의 이카로스 이야기는 완전을 향해 도전해온 불완전한 인간의 역사를 상징적으로 잘 보여줍니다.

태양 가까이 날아간 이카로스

아테네 왕족 출신인 다이달로스는 최고의 기술자로 명성을 떨쳤지만, 조카가 톱을 발명하여 더 유명해지자 질투심에 사로잡힌 나머지 그를 신전 위에서 떨어뜨려 죽입니다. 이 죄로 다이달로스는 아들 이카로스와 함께 크레타 섬의 미노스 왕 밑에서 일하게 됩니다. 그러다 왕비의 꾀임에 빠져 아들 이카로스와 함께 미노스 왕의 미로에 갇히게 됩니다. 다이달로스와 이카로스는 새의 깃털을 모아 밀랍으로 붙여 커다란 날개를 만듭니다. 그리고 이 날개를 어깨에 매달고 하늘을 날아서 미로를 탈출하는 데 성공합니다.

하늘을 날기 전 다이달로스는 아들 이카로스에게 이렇게 말하지요. "이카로스야, 우리 날개는 밀랍으로 만들었으니 태양 가까이 가면 녹아버린단다. 그러니 너무 높이 날지 말거라.”

그러나 처음으로 하늘을 날게 된 이카로스는 호기심을 억누르지 못하고 높이 날았습니다. 저 태양에는 무엇이 있을까 궁금했던 거지요. 아버지 다이달로스의 말을 듣지 않고 태양 가까이 날아간 이카로스는 그만 날개의 밀랍이 녹아 바다에 떨어져 죽습니다.

이카로스는 왜 아버지 다이달로스의 말을 듣지 않았을까요? 이카로스를 죽음으로 이끈 호기심의 정체는 도대체 무엇일까요. 만약 인간에게 이카로스 같은 호기심이 없었다면 우리 인간이 지금처럼 자유롭게 하늘을 누빌 수 있을까요?

이카로스 신화에는 죽음을 두려워하지 않고 하늘 끝까지 도전하는 ‘불완전한 인간’이 있고, 그 도전에 죽음으로 응답하는 태양 같은 ‘완전한 신’이 있습니다. 이카로스 신화를 통해 우리는 무모하게 신의 영역에 도전한 인간의 비극적 최후를 봅니다. 그러나 동시에 그 후로도 오랫동안 태양을 향해 날았던 수많은 도전들을 기억합니다. 인간의 진보는 이카로스의 도전이 있었기에 가능했습니다. 비록 그 도전이 비극적 결말을 예고하고 있었더라도 말이지요.

완전함에 대한 영웅적 도전의 예는 그 밖에도 많습니다. 프로메테우스 신화도 그중의 하나입니다. 프로메테우스는 자신이 진흙으로 만든 인간들이 굶주림과 추위에 떠는 것을 보고 올림포스 신전의 불을 훔쳐 인간에게 주었습니다. 인간에게 불을 주지 말라는 제우스의 명을 어긴 프로메테우스는 바위산 꼭대기에 매달린 채 독수리에게 간을 파먹히게 됩니다. 간은 다음날이면 새로 돋아나 독수리에게 또 파먹히는 고통을 안겨주지요.

인간이 '불완전함'을 극복하고 '완전'으로 나아가는 길은 이렇듯 고통과 고난이 따릅니다. 그러나 신(神)인 프로메테우스는 아무리 고통스러울지라도 영생하는 존재입니다. 이에 비해 트로이 전쟁의 영웅 아킬레우스나 〈삼손과 데릴라〉의 삼손은 결코 영생을 누리는 신이 되지 못했습니다. 이들을 죽음으로 이끈 아킬레우스의 발뒤꿈치와 삼손의 머리카락은 아무리 강한 힘을 가지고 있어도 결코 100%의 완전함, 즉 신이 될 수는 없는 불완전한 인간의 모습을 잘 보여줍니다.

이와 같이 인간은 끊임없이 완전함을 향해 나아가지만, 결코 그 완전함에 도달할 수 없는 불완전한 존재입니다. 그럼에도 불구하고 인간이 찬란한 문명을 건설할 수 있었던 것은 '완전'으로 나아가고자 했던 그칠 줄 모르는 욕망과 끊임없는 노력 때문이었습니다. 이카루스의 호기심과 프로메테우스의 용기는 나약한 인간을 위대한 존재로 만든 원동력이었던 것입니다.

불완전한 인간이어서 만든 정치, 경제, 사회 관계

완전함을 향한 인간의 욕망은 일찍부터 '유토피아'의 형태로 나타났습니다. 성경 속 에덴동산 같은 천국을 찾아 헤맨 인간은 때로는 광신(狂信)의 덫에 걸려 큰 대가를 치르기도 했고, 이데올로기의 늪에 빠져 허우적대기도 했습니다. 그렇지만 완전함을 향한 인간의 노력은 앞으로도 계속될 것입니다. 그것은 어떤 본능보다도 강력한 '자아실현'의 목표이기 때문입니다.

인간은 완전해지고자 하는 열망과 노력 때문에 모든 면에서 여타의 생명체와는 다르게 생활해왔습니다. 인간만이 경제를 영위하고 의식적으로 사회관계를 형성합니다. 인간만이 문화와 예술을 창조하고 종교 생활을 합니다. 개미나 벌 같은 사회형 군집 동물들에게서도 원시적 형태의 분업이 관찰되고는 있지만, 이는 어디까지나 본능에 따른 것입니다. 이에 반해 인간은 이 모든 것을 주체적인 판단과 선택에 따라 행합니다.

인간에 대한 연구는 "인간은 완전함을 추구하는 불완전한 존재이다"라는 명제로부터 출발합니다. 만약 인간이 신처럼 완전한 존재라면 인간 사회의 변화와 발전은 있을 수 없습니다. 먹고살기 위해 노동을 할 필요도 없고 생각이 서로 다르지 않으니 다툼이 있을 수 없습니다. 따라서 다른 누군가에게 영향을 줄 필요도 없겠죠. 다시 말해 '완전한 인간'들이 사는 곳에는 정치도 경제도 사회, 문화도 존재하지 않습니다. 이 모든 것은 인간들이 자신의 불완전함을 극복해가는 과정에서 만든 것들이기 때문입니다.

유한한 존재인 인간의 불완전함은 인간의 나약한 생물학적 조건으로부터 시작됩니다. 인간은 사자처럼 강하지도 않고 코끼리처럼 크지도 않으며 원숭이처럼 날쌔지도 않고 표범처럼 빠르지도 않습니다. 불과 도구를 사용하고 모여 사는 방법을 터득하지 못했다면 인간은 아마도 오래 전에 멸종했을 것입니다. 사나운 맹수의 위협과 지진·화산 폭발 등의 자연 재해, 그리고 빙하기 같은 생태 환경의 대격변을 겪으면서 인간은 생존을 위해 끊임없이 기술을 발전시켰고 동시에 집단생활을 효과적으로 운영하는 방법을 개발했습니다.

공동 수렵·채취 활동과 농사일은 집단생활의 경제적 측면을 발전시켰습니다. 풍성한 수확을 위한 기원 의식은 집단생활의 사회, 문화, 종교적 측면을 발전시켰습니다. 집단생활의 규칙을 세우고, 매머드를 사냥하러 갈지 물고기를 잡으러 갈지, 또 잡은 수확물을 어떻게 분배할지 등을 결정하는 과정에서 집단생활의 의사결정 구조, 즉 정치제도를 발전시켰습니다.

인간은 불완전함을 극복하고 살아남기 위해 경제적, 사회적, 정치적 동물이 되어야 했습니다. 그러므로 경제, 사회, 정치 관계는 완전을 향해 나아가는 인간의 존재 조건이자 속성이라고 할 수 있습니다.

인간의 불완전함은 인지능력의 한계로부터도 옵니다. 과학의 발달에 따라 인간의 인지능력은 계속 향상되어 왔지만, 아직도 아는 것보다 모르는 것이 훨씬 많습니다. 우주의 시작, 생명의 기원, 영혼의 존재 등 근원적인 질문들에 대해 우리는 확실한 해답을 갖고 있지 못합니다.

생존을 위한 최소한의 규칙과 원칙

인간의 불완전함은 '인간은 누구나 죽는다'는 명백한 사실로부터도 옵니다. '살아 있는 생명은 모두 언젠가는 죽는다'는 명제로부터 우리 인간도 자유롭지 못합니다. 인간은 언젠가는 죽습니다. 이것이야말로 인간 불완전성의 가장 명백한 증거입니다.

모든 종교의 출발도 바로 이 지점입니다. 영원한 생명, 천국, 내세(來世) 등 모든 종교가 기원하고 희구하는 목표인 '영원한 삶'은 '모든 인간은 언젠가는 죽는다'는 사실 없이는 존재할 수 없는 것들입니다.

불완전한 인간들이 사회를 이루고 살면 필연적으로 여러 가지 문제가 발생합니다. 서로 생각과 이해관계가 달라 갈등이 생길 수밖에 없고 이 갈등을 방치하면 마침내는 '힘의 논리'가 생겨 힘 있는 사람이 마음대로 하는 상태가 됩니다. 누구도 안전하지 못한 상태가 되는 것이지요.

자기 옆에 있는 사람이 언제든 자기를 죽일수 있다면, 또 언제든 도둑질해갈 수 있다면 잠인들 편하게 잘 수 있겠습니까. 불완전한 인간들이 모여 만든 사회는 불완전합니다. 이러한 불완전함으로부터 발생하는 '불안정성'을 극복하기 위해 인간은 사회 구성원 모두가 동의할 수 있는, 생존을 위한 최소한의 규칙과 원칙을 정하게 되었습니다. 사회에 '질서'가 만들어진 것입니다. 우리는 이 전체 과정을 '정치'라 부릅니다.

두 사람만 모여도 발생하는 권력관계

사회관계에서는 지배하는 자와 지배받는 자가 발생합니다. 이론상으로는 지배하는 자도 지배받는 자도 없는 절대 평등의 원시 공산 사회가 있을 수도 있지만, 이것은 상상 속의 사회입니다. 현실적으로는 두 사람 이상이 만나도 권력관계가 발생합니다. 여기서 권력이란 '다른 사람을 내 뜻대로 움직일 수 있는 힘'을 의미하지요.

말하자면 권력관계는 부모와 자식 사이, 부부 사이, 친구 사이에서도 존재한다고 할 수 있습니다. 이들도 서로 영향을 주고받으며 자신의 뜻대로 다른 사람들을 움직이려 하기 때문이지요. 가족은 서로 존중하고 사랑하는 소중한 관계이지만 권력관계는 예외 없이 나타납니다.

권력관계는 학교, 직장, 마을 등 모든 곳에서 나타납니다. 권력관계라고 말하면 우리는 대통령이나 국회의원들을 떠올리지만, 일상생활에서 나타나는 권력관계야말로 우리의 삶을 일차적으로 규정하는 매우 중요한 정치 현상입니다. 역설적으로 말하면 대부분의 사람들이 일상의 권력관계를 권력관계로 인식하지 못한다는 사실이야말로 일상생활에서 권력관계의 힘이 얼마나 강한지를 말해주는 증거라고 할 수 있습니다. 권력은 드러나지 않으면서 행사될 때 훨씬 효과적이기 때문입니다.

정치가 있는 사회와 정치가 없는 사회로 구분하는 것은 불가능합니다. 어떤 사회든 정치가 있습니다. 좋은 정치가 행해지고 있는 사회냐, 아니냐의 차이만 있을 뿐입니다. "나는 정치에 관심이 없어"라고 말하는 사람조차도 실제로는 정치와 밀접한 관계를 맺으며 살아가고 있는 것입니다.

처음에는 국가는 없고 사회만 있었단다. 사회 안에 국가의 역할을 하는 부분이 들어 있었어. 예컨대 군대나 세무서, 재판소 같은 국가 기구들은 처음부터 독립적으로 존재했던 것이 아니라 사회 안에 여기저기 흩어져 있었단다. 예를 들어 지방의 영주나 지방 관리가 요즘의 재판소 역할도 하는 식이었어. 그러다가 근대로 접어들면서 상비군(常備軍)과 조세 체계를 독립적으로 유지할 필요 때문에 중앙의 권력기관을 설립, 운영했는데 이것이 국가가 된 거란다. 그러니까 국가는 근대의 산물이야.

국가가 사회로부터 분리되자 국가와 사회 사이에 긴장 관계가 조성되기 시작했단다. 국가의 권한이 커지면 사회가 위축되고 사회가 활성화되면 국가의 힘이 줄어드는 식으로 말이야. 그러나 이 둘은 서로에게 없어서는 안 되는 존재이기도 했어. 사회 없는 국가가 어디 있겠으며 국가 없는 사회가 또 어디 있겠니?

일반적으로 모든 나라는 공적 영역인 국가와 사적 영역인 사회로 나누어진단다. 우리는 하루의 대부분을 사적 영역인 사회에서 보낸단다. 집, 학교, 직장, 종교 단체 등에서 말이야. 그러다 어떤 특별한 일이 있을 때 공적 영역인 국가와 만난단다. 집에 도둑이 들었다든지 군대에 간 형을 면회하러 간다든지 했을 때 말이야.

이렇게 보면 우리 생활의 중심은 국가가 아니라 사회라는 것을 알 수 있어. 국가는 생활의 중심인 사회가 잘 유지되도록 도와주는 조력자이자 보호자인 셈이야. 관계가 이러하므로 건강한 사회가 건강한 국가를 만든다고 할 수 있단다. 물론 그 역도 성립하겠지.

학문에는 자연에 대한 학문과 인간에 대한 학문이 있어. 자연에 대한 학문을 자연과학이라 하고 인간에 대한 학문을 인문·사회 과학이라 한단다. 최근 과학 기술이 급속도로 발전함에 따라 기존의 자연과학과 인문·사회 과학의 경계를 넘나드는 복합 학문이 새로 생기고 공동 연구가 활발하게 진행되는 등 새로운 학문 분위기가 만들어지고 있지만 크게 봐서 모든 학문은 자연과학과 인문·사회과학 중 어느 하나에 속한다고 할 수 있단다.

자연과학은 별들의 움직임이나 물체 간의 역학 관계, 원자 구조나 세포 구조 등 물질세계와 자연현상에 대해 연구하는 학문이란다. 인문·사회 과학은 인간의 감성과 생각, 그리고 인간 간의 관계에 대해 연구한단다.

인간의 감성과 의식·무의식의 세계에 대해 연구하는 학문이 심리학, 미학이야. 인간의 사고와 논리 구조에 대해 연구하는 학문은 철학, 논리학이고. 인간의 관계 중에서 주로 경제적인 측면을 연구하면 경제학이 되고 사회적인 측면을 연구하면 사회학이 되며 문화적인 측면을 연구하면 문화인류학이 된단다. 인간의 역사를 연구하면 당연히 역사학이 되지.

그렇다면 정치학이란 무엇을 연구하는 학문일까. 정치학은 인간의 관계 중 주로 정치적 측면을 연구하는 학문이야. 그럼 정치적 관계란 무엇을 뜻하는 것일까? 정치적 관계는 다른 말로 권력관계라고도 한단다. 인간은 다른 사람을 자신의 생각대로 움직이게 하려고 하는데, 이렇게 영향력을 주고받는 관계를 권력관계라고 한단다. 이 권력관계가 개인이나 한 사회, 더 나아가 국제관계에서 나타나는 모든 현상을 정치현상이라고 한단다. 정치학은 이 정치현상을 연구하는 학문이란다.

그러므로 우리가 정치관계를 연구할 때 가장 먼저 생각해보아야 할 것은 인간이란다. 정치관계는 인간관계의 정치적 측면을 연구하는 것이므로 정치현상의 출발점 또한 인간일 수밖에 없는 것이지.

2 좋은 정치와 나쁜 정치, 뭐가 다른가요?

힘도 세고 영향력도 큰 친구가 다른 친구들을 자기 마음대로 움직이기 시작하면 반 분위기도 안 좋아지고 심한 경우 공포 분위기가 조성되는 데다가 서로 눈치를 보게 되죠. 학교생활이 즐거울 리가 없습니다. 자기 마음대로 하는 그 학생에 대해 항의하거나 고치려는 노력을 하지 않는다면 나머지 학생들은 그 친구의 권력에 순응하는 것이 됩니다. 이렇게 해서 나쁜 정치가 나타나는 겁니다. 이런 현상이 국가 차원에서 나타나면 바로 독재 정치가 됩니다.

좋은 정치와 나쁜 정치, 뭐가 다른가요?

어떤 것이 좋은 정치고 어떤 것이 나쁜 정치일까요? 좋은 정치는 국민을 편하게 살 수 있도록 하는 정치입니다. 국민이 정치의 주인으로 참여하고 활동하도록 해주는 정치입니다. 나쁜 정치는 그 반대겠죠. 국민을 살기 어렵게 만들고 국민을 소외시키고 배제하는 정치가 나쁜 정치입니다.

나쁜 정치는 호랑이보다 무섭다

좋은 정치와 나쁜 정치는 우리 생활 속에서 쉽게 발견됩니다. 어느 학교나 힘이 센 학생이 한두 명은 있게 마련입니다. 이런 친구를 "짱"이라고 부르지요? 아마도 그 학생은 자기의 힘을 이용해 다른 친구들에게 영향력을 행사할 겁니다. 다른 학생들을 자신의 뜻대로 움직이는 거죠. 바로 이런 관계가 권력관계고 이런 행위가 정치라는 건 이미 앞에서 말씀드렸죠.

그런데 힘도 세고 영향력도 큰 친구가 다른 친구들을 자기 마음대로 움직이기 시작하면 반 분위기도 안 좋아지고 심한 경우 공포 분위기가 조성되는 데다가 서로 눈치를 보게 되죠. 학교생활이 즐거울 리가 없습니다. 자기 마음대로 하는 그 학생에 대해 항의하거나 고치려는 노력을 하지 않는다면 나머지 학생들은 그 친구의 권력에 순응하는 것이

됩니다. 이렇게 해서 나쁜 정치가 나타나는 겁니다. 이런 현상이 국가 차원에서 나타나면 바로 독재 정치가 됩니다.

그런데 만약 어떤 친구가 용기를 내서 "나도 똑같은 사람인데 왜 저 친구의 생각대로 움직여야 되느냐. 나는 그렇게 하기 싫다"고 맞섰다고 합시다. 이 친구는 협박을 당하거나 몇 대 맞을 수도 있습니다. 그렇지만 대다수 학생들은 적어도 마음속으로라도 이 친구를 지지할 겁니다. 그래서 단 한 사람이라도 이 친구와 뜻을 같이 한다면 힘센 친구의 영향력은 그만큼 줄어들 거고 나머지 학생들도 점차 자기 생각대로 행동할 겁니다. 결국에는 힘센 친구의 잘못된 권력이 사라지게 되겠지요. 이것이 민주화입니다. 물론 처음 문제를 제기한 친구는 상당한 손해를 볼 수 있지요. 그러나 그 친구는 희생을 감수하고 용기 있게 자기 생각을 펼침으로써 자신은 물론 모든 친구들을 자유롭고 편안하게 만들었습니다. 이런 것이 바로 좋은 정치입니다.

옛말에 "호랑이보다 더 무서운 게 세금"이라는 말이 있습니다.

공자가 어느 날 산길을 가다가 울고 있는 아낙네를 만났어요. 왜 우냐고 물으니 자기 남편이 호랑이한테 물려 죽어서 그렇다는 거예요. 시아버지도 물려 죽었다고요. 그런데 왜 아직도 여기서 사느냐 마을로 내려가서 살면 안전하지 않느냐고 했더니 그 아낙네가 "그래도 여기에는 세금은 없다"고 했다는 거지요. 자기 남편과 시아버지를 물어 죽인 호랑이보다도 세금이 더 무섭다는 얘긴데요. 옛날 사람들한테 세금은 그만큼 무서운 것이었어요. 수많은 민란(民亂)도 따지고 보면 다 이 세금 때문이었지요.

동학혁명도 조병갑이라는 탐관오리가 세금을 지나치게 거둬서 시작된 것이었지요. 탐관오리들이 활개 치고 세금을 명목으로 백성들의 고혈을 짜내는 것은 모두 정치가 잘못됐기 때문입니다. 그래서 잘못된 정치는 호랑이보다 무섭다는 말이 나온 거지요.

잘못된 정치는 어떤 자연 재해보다도 무섭습니다. 동물의 세계에서도 자기 종족을 대량 학살하는 동물은 개미뿐이라고 하지요. 병정개미들은 다른 개미들을 공격해서 학살하고 노예로 삼지요. 하지만 인간에

비할 바가 못됩니다. 인간은 '홀로코스트(holocaust)'나 '인종 청소' 같은 극단적인 행위도 서슴지 않았습니다.

나 한 사람인데 어때

인류 역사 전체를 보면 나쁜 정치보다는 좋은 정치가 더 우세했다고 할 수 있습니다. 100년 전, 1000년 전에 비해서 지금 우리는 훨씬 더 편하고 안락하게 살고 있지요. 단순히 비교하자면 지금 우리들 한 사람 한 사람 모두는 옛날의 왕보다 훨씬 편하고 안락하게 잘살고 있습니다. 먹는 것, 입는 것, 보는 것, 타는 것, 어느 것 하나도 과거의 왕보다 못하지 않지요.

경주에 석빙고라는 유적이 있지요. 신라시대 왕들을 위해 얼음을 만들어 저장해둔 곳이었습니다. 옛날에는 얼음을 먹을 수 있는 사람이 왕과 왕족 등 몇 사람에 불과했습니다. 지금은 냉장고 문만 열면 얼음이 기다리고 있지요. 어디를 가든 아이스크림이 있고요. 이제부터는 아이스크림을 먹을 때 얼음조차 먹지 못했던 옛날 조상들을 생각해보세요. 여러분들은 옛날 어느 왕보다도 더 편하고 호화롭게 살고 있다는 사실을 그때마다 확인할 수 있을 것입니다. 이러한 진보는 인간의 의식적인 노력의 결과라 볼 수 있습니다. 열심히 일하고 기술을 개발한 때문이기도 하지만 동시에 사회 발전에 대한 인간의 집단적 선택, 즉 올바른 정치적 선택의 결과이기도 하지요.

인간의 진보와 발전은 단선적으로 이루어지지 않습니다. 나선형적인 발전을 해왔지요. 이 과정에서 심각한 후퇴도 여러 번 되풀이했습니다. 홀로코스트 같은 반인간적이고, 반민주적인 범죄 행위들도 있었습니다. 또 사회가 발전하면서 예전에는 없던 새로운 문제들이 나타나곤 했습니다. 자살, 소외, 약물중독, 성인병, 노이로제, 환경파괴 같은 현대 사회의 심각한 문제들은 예전에는 별로 없던 것들입니다. 중요한 것은 이런 후퇴와 새로운 문제에도 불구하고 인류는 이를 극복하고 역사를 진보의 방향으로 밀고 왔다는 사실입니다.

좋은 정치와 나쁜 정치 간의 투쟁에서 아직까지는 좋은 정치가 우세승을 거두고 있다고 할 수 있을 겁니다. 그러나 잠깐 방심하는 사이에 전세는 역전될 수도 있습니다. 언제든 나쁜 정치가 다시 득세할 수 있다는 겁니다. 이것이 우리 모두가 경각심을 가지고 정치를 지켜보아야 하는 이유입니다.

앞에서 본 것처럼 가정에도 학교에도 권력관계가 있고, 권력관계가 있는 곳에는 좋은 정치도 나쁜 정치도 있습니다. 우리는 가정이나 학교에서도 좋은 정치를 위해 노력하고 나쁜 정치를 물리치기 위해 적극적으로 행동해야 합니다.
'나는 정치에 관심 없어',
'나는 주인 노릇하기 싫어'
하는 순간, 우리 사회와 민
주주의는 위협받기 시작합
니다.

　주인 노릇을 잘하기란 말
처럼 쉽지 않습니다. 주인
노릇을 잘하기 위해서는 어

릴 때부터 훈련하고 습관을 잘 들여야 합니다. "세 살 버릇이 여든까지
간다"는 속담처럼 "세 살 민주주의가 여든까지 간다"고 말할 수도 있
지요.

　가정과 학교에서 주인 노릇을 잘하지 못하는 사람은 사회에서도 주
인 노릇을 잘하지 못할 것입니다. 평소에는 우리 사회와 정치에 대해
아무런 관심도 없다가 투표할 때만 주인 노릇을 하겠다 하면 제대로
할 수가 있을까요? 아마도 '투표일은 노는 날'하고 그냥 기권하고 말
거나 자기 주관도 없이 이리저리 휘둘리다 잘못된 선택을 해 오히려
민주주의를 위태롭게 만들 겁니다.

히틀러가 유태인 수백만 명을 학살할 때 많은 독일인들이 침묵했습니다. 나중에 그 책임을 독일인들에게 묻자 많은 독일인들은 "나는 유태인을 한 명도 죽이지 않았다. 나는 내 일에만 충실했고 학살 행위에 가담하지 않았다. 그런데 왜 내가 책임을 져야 하는가"하고 항변했습니다. 그때 독일인 중 한 명이 이렇게 말했습니다.

"우리가 눈앞에서 벌어지는 범죄를 방관했기 때문에 수백만 명의 유태인이 죽은 것이오. 그러므로 나나 당신이나 모두 공범이라 할 수 있소."

'나 한 사람인데 어때'라는 생각이 민주주의 최대의 적이라는 점을 깊이 명심해야 합니다.

민주주의는 분명 다수에게 좋은 제도지만 모든 사람이 다 좋아하는 것은 아니란다. 자기 마음대로 하려는 사람, 자기 욕심만 챙기려는 사람에게 민주주의는 거추장스럽고 불편한 제도일 거야. 자기 살기도 바쁜데 다른 사람 생각도 하고 순서도 지키려니 얼마나 짜증나겠니. 이런 사람은 모든 걸 자기 마음대로 할 수 있는 독재를 원한단다.

독재는 다수에게 나쁜 것이지만 권력을 독점한 소수들은 독재를 좋아할거야. 뭐든지 자기 욕심대로 할 수 있으니 욕심 많은 사람에게 이보다 더 좋은 것이 있을까. 그래서 독재를 하는 사람들이 자꾸 나타나는 거란다.

줄 서지 않고 새치기 하는 사람, 남들 다 지키는 규칙을 무시하는 사람, 남들 공부할 때 놀다가 커닝으로 점수 따려는 사람이나, 자기에게만 좋고 다수에게는 나쁜 독재를 하는 사람이나 크게 보면 똑같은 사람이라 할 수 있단다.

그런데 과연 독재가 독재하는 사람에게도 좋을까? 언뜻 보면 좋을 것 같지? 그러나 사실은 그렇지 않단다. 독재가 시작되는 순간 독재자의 인간성도 파괴되기 시작한단다. 독재자에게는 친구는 물론 믿을 사람이 한 사람도 없어진단다. 누가 자기 자리를 빼앗지는 않을까 하고 모든 사람을 의심하게 되지. 마침내는 밤에 잠도 못 자고 잘 먹지도 못한 채 불안과 공포 속에서 생을 마치게 된단다. 독재자의 말로(末路)는 다 그랬어. 독재는 다수의 사람들에게 좋지 않을 뿐만 아니라 독재를 하는 소수에게도 결코 좋지 않아. 인간성이 파괴된 후에 권력을 가진들 그걸 어디에다 쓰겠니? 독재는 다른 사람들을 파괴하기 전에 자기 자신부터 파괴한다는 점을 잊지 말아야 해.

우리 나라는 왜 항상 중국을 섬겨왔나요?

우리 나라가 항상 중국을 섬겼던 것은 아니란다. 삼국시대만 해도 고구려는 중국과 두 차례의 대규모 전쟁을 치러 모두 이겼잖아. 을지문덕 장군과 양만춘 장군, 그리고 연개소문의 활약상은 당시 세계를 뒤흔든 일대 사건이었단다. 고구려와의 전쟁에서 패한 수나라는 아예 나라가 망했고, 당나라도 국력이 기울어졌어. 또 백제는 중국의 요서 지방에 진출해 무역관을 열고, 해상무역을 주도했단다. 삼국을 통일한 신라의 경우도 국가 이익 차원에서 당나라와 연합은 했지만 실제로는 당나라를 끊임없이 견제했단다.

고려시대에는 중국이 몽고족의 지배를 받았단다. 고려는 이 몽고족이 세운 원나라와 전쟁을 치렀어. 고려는 해전에 약한 원나라의 약점을 노려 수도를 강화도로 옮기면서까지 원나라와 싸웠단다. 당시 원나라는 세계 제국이었어. 칭기즈칸의 군대는 동유럽까지 갔고 깨지 못한 성이 없고 싸워 이기지 못한 나라가 없을 때였단다. 그 원나라를 상대로 한 전쟁이었어.

중국과의 관계는 조선 시대에 들어오면서 완전히 바뀌게 된단다. 중국의 주자 성리학을 통치 이념으로 받아들인 조선은 중국을 세계의 중앙에 있고 가장 문명이 발달한 중화(中華)의 나라로 존중하는 사대주의, 모화주의(慕華主義)를 공식적인 외교 노선으로 채택했단다. 그리고 스스로를 소중화로 칭하면서 중국보다 더 중화다운 나라를 만들어가고자 했단다.

당시의 사대주의는 압도적으로 강한 중국에 대해 명목상의 충성을 바치는 대신에 선진 문물을 수입하고 국가적 안전을 보장받는 국익 외교적 측면도 있었지만, 성리학에 기반한 중화사상, 모화사상의 영향이 컸단다. .

조선 후기로 접어들면서 국제 정세는 더욱 험악해졌단다. 명나라와 청나라가 각각 조선에게 사대를 요구해온 거야. 중화의 이념과 대의명분은 있으나 쇠락해 멸망의 길을 걷고 있는 명(明)과 중화사상의 입장에서는 오랑캐지만 아침해처럼 떠오르고 있는 청(靑) 사이에서 조선은 일단 명을 선택했단다. 성리학 이념으로 무장한 사대부들이 지배하던 조선으로서는 너무도 당연한 결정이었을 것도 같아. 더구나 불과 얼마 전 일본과 7년 전쟁을 치렀을 때 명나라가 수만 명의 원군을 보냈던 일도 무시하기 어려웠을 거야.

그러나 명을 선택한 결과는 참담했단다. 청이 보낸 군대 앞에 조선은 속수무책이었고 조선의 왕이 직접 무릎을 꿇고 항복을 하는 치욕까지 당하고 말았단다. 그후 조선은 청에 대해 사대의 예를 다하지 않을 수 없었단다. 더 이상 중화나 모화 때문이 아니었어. 냉정한 힘의 논리가 사대를 강제했던 거야. 그러나 겉으로는 사대를 했을망정 속으로는 결코 청나라에 굽히지 않았단다. 명이 망한 이후로 천하의 도를 지키는 나라는 조선밖에 없다는 성리학적 세계관과, 힘은 약해도 문화와 예(禮)에서는 우리가 앞서 있다는 민족적 자긍심이 있었던 거란다.

역사적으로 중국은 우리의 가장 가까운 이웃이었단다. 불교와 유교 등 많은 선진문물을 전해준 고마운 나라이기도 해. 그러나 동시에 가장 많은 전쟁을 치른 나라이기도 하단다. 한국과 중국은 더 이상 일방적으로 섬기거나 멸시하고 헐뜯는 관계가 되어서는 안 돼. 21세기 아시아 · 태평양시대를 열어가는 협력자로서 서로에게 도움이 되는 상생의 동반자가 되어야 해. 14억의 인구, 광활한 영토의 중국과 과학 기술, 선진문화의 한국이 손을 맞잡는다면 어느 지역보다 강력한 발전을 이룰 수 있을 것이기 때문이란다.

우리 나라뿐 아니라 대부분의 나라가 옛날에는 가난했단다. 중국은 홍수와 가뭄으로 수십만 명이 굶어죽는 대기근이 주기적으로 되풀이되었단다. 유럽 역시 마찬가지야. 기록에 의하면 유럽도 10~30년에 한 번씩 대기근이 닥치고, 흑사병이 덮쳐 어떤 때는 런던 인구의 3분의 1이 한꺼번에 죽기도 했다는 구나. 가난과 전염병은 늘 같이 다니는 죽음의 동반자였지.

가난하고 전염병이 많았던 것은 옛날 사람들이 게으르고 지저분해서가 아니란다. 옛날 사람들은 지금의 우리보다 훨씬 더 부지런했단다. 지금은 주5일 근무제와 8시간 노동이 일반적이지만 옛날에는 말 그대로 새벽 별을 보면서 일하러 가서 저녁 달을 보면서 집으로 돌아왔으니 하루 12시간씩을 꼬박 일한 셈이야. 그것도 1년 내내 말이야.

그렇게 열심히 일했는데도 왜 지금보다 가난했을까. 그것은 생산력이 낮았기 때문이란다. 과학 기술이 발전하지 않아 아무리 열심히 일해도 많이 생산할 수 없었던 거란다. 또 의학이 발전되지 않아 병의 원인을 잘 몰라 예방을 할 수도 없었어. 쥐가 옮기는 세균이 흑사병의 원인이라는 사실은 18세기 파스퇴르 박사가 세균의 존재를 발견한 후에야 비로소 알게 된 거란다.

우리 나라에도 불과 3, 40년 전만 해도 보릿고개라는 것이 있었단다. 가을에 추수를 해서 세금 내고 빚 갚고 나면 얼마 안 되는 곡식으로 겨울을 나게 되는데 초봄을 지나 4~5월 늦봄쯤 되면 그마저도 다 떨어져버린단다. 이른봄부터 나물을 뜯어다 죽도 끓여 먹고 하지만 이때쯤이면 그것도 하기 어렵게 돼. 새로 난 보리순도 뻣뻣해지고. 1년 중 가장 먹을 것이 귀한 이때를 우리 선조들은 '보릿고개'라고 불렀단다. 점심이란 상상도 못 했어. 삶은 감자 한 알이면 더 바랄 게 없었고. 미국이 원조해준 가루우유와 옥수수 빵을 학교에서 나눠주어 그것으로 주린 배를 채웠단다.

그러니까 우리가 이렇게 풍족하게 살게 된 것은 불과 3, 40여 년 만의 일이야. 지금도 할아버지 할머니들은 밥짓다 쌀 한 톨이라도 흘리면 큰일 나는 줄 아시지. 그분들은 정말로 쌀 한 톨이 귀하디 귀한 때를 사셨기 때문이란다.

우리는 인류 역사상 가장 풍요로운 시대에 살고 있단다. 생산력도 하루가 다르게 발전하고 있단다. 그러나 과연 그에 걸맞은 성숙된 마음을 갖추고 있는 걸까. 옛날에는 비록 가난했지만 모든 것에 몸과 마음을 다하는 성실함과 안빈낙도(安貧樂道)하는 넉넉함이 있었단다. 지금의 우리는 어떤지 한번쯤 돌아보는 것은 어떨까.

어떤 조사에 의하면 우리 나라는 936회의 전쟁을 치렀다고 한단다. 그중 대표적으로 패배한 전쟁이 3번 있었어. 고려시대 원나라와의 전쟁, 조선 시대 청나라와의 전쟁, 그리고 조선 후기 동학농민군이 일본과 싸워 진 전쟁이야.

3번의 패배는 그때마다 국권의 상실로 이어졌단다. 고려시대에는 150여 년의 원나라 지배로 이어졌고, 조선 시대에는 청나라에 대한 사대, 그리고 일본과의 전쟁 후에는 식민지로 전락했단다. 이렇듯 전쟁에 지는 민족은 식민지나 피지배 민족으로 전락하고 마는 것이 인류 역사의 법칙이었단다. 대부분의 경우 전쟁에 패배한 나라는 없어지고 그 민족은 아예 지구상에서 사라지기까지 했어. 이스라엘 민족은 수천 년간 나라를 가지지 못한 채 방랑했고, 잉카, 마야 민족과 북미 인디언 민족은 아예 지구상에서 멸종되다시피 했단다. 한때는 세계를 호령했던 몽고 민족이나 여진, 거란 민족도 결국에는 전쟁에 져서 지금은 수백만 명 정도만 남아 가난하게 살고 있단다.

그런데 우리 한민족은 어떨까? 심각한 패전과 국권 상실에도 불구하고 의연히 살아남았고 어떤 나라보다도 빠르게 발전하고 있단다. 그것은 우리 민족이 3번의 패배보다 훨씬 더 많은 위대한 승리를 거뒀고, 패배에 결코 실망하거나 좌절하지 않고 끝까지 이겨내는 강인한 정신을 가지고 있었기 때문이란다.

우리 나라는 크고 작은 수많은 전쟁에서 이겼단다. 3번의 패배를 뒤엎고도 남을 만큼이지. 그러나 여기서 우리가 놓쳐서는 안 되는 것이 있단다. 그것은 우리 나라가 치룬 전쟁의 대부분은 우리 나라를 침략해온 외국 군대에 대항해 싸운 방어 전쟁이었다는 사실이야. 조선 시대의 대마도 정벌도 침략 전쟁이 아니라 거듭되는 왜구의 노략질을 원천적으로 봉쇄하기 위한 일종의 방어 전쟁이었어.

3
좋은 정치, 어디서부터 시작하나요?

100미터 경주에 참가하는 사람 중에 장애인이나 노약자가 있으면 어떻게 해야 할까요. 똑같이 출발하는 것이 맞을까요 아니면 30미터쯤 앞에서 출발하도록 배려하는 것이 맞을까요. 장애인이나 노약자의 경우 같은 출발선에서 출발한다면 백 번을 뛰어도 꼴찌를 하겠지요. 이런 것은 겉으로는 평등으로 보일지 몰라도 진정한 평등이 아닙니다.

좋은 정치, 어디서부터 시작하나요?

좋은 정치를 위해서는 우선 정치 제도화가 잘 이루어져야 합니다. 정치가 제도화된다는 것은 인간의 자의적 지배가 끝나고 법과 제도에 의한 지배가 시작된다는 뜻입니다. 즉 법치주의와 삼권 분립이 확립되는 것을 의미합니다.

모든 권력은 국민으로부터 나온다

왕이 모든 것을 마음대로 했던 시절에도 법과 제도가 없었던 것은 아닙니다. 그러나 왕은 언제든지 법과 제도를 무시하고 자기 마음대로 할 수 있었습니다. 법과 제도는 외형적 장식에 불과했지요. 프랑스 왕 루이 14세는 이렇게 말했습니다.

"짐이 곧 법이다."

유럽에서 정치 제도화는 시민 혁명을 통해 이루어졌습니다. 시민 혁명 이후에는 왕도 법과 제도를 따르게 되었습니다. 물론 그후로도 왕은 기회만 있으면 다시 옛날로 돌아가려고 했습니다. 그러나 역사를 되돌리려는 이런 무모한 시도는 그때마다 국민들의 투쟁에 의해 좌절됐습니다. 프랑스 혁명 과정에서 루이 16세와 마리 앙투아네트 왕비는 마지막까지 옛날의 왕정으로 되돌아가려고 음모를 꾸미다 결국 단두대의 이슬로 사라졌습니다.

지금 우리가 시행하고 있는 법과 제도에 의한 통치는 이렇듯 200
~300년에 걸친 시민 혁명의 험난한 과정을 통해 쟁취하고 정착시킨
것입니다.

동양에서도 일찍부터 정치 제도화를 위한 노력이 있었습니다. 동양
의 대표적인 정치철학인 유교, 법가(法家) 등은 모두 예와 법으로 인간
의 자의적 통치를 극복하려 했던 사상들이지요. '예와 법에 의한 통
치' 사상은 우리 나라의 경우 조선 시대에 매우 중요한 정치사상이었
습니다.

조선을 건국하는 데 결정적인 역할을 한 정도전은 나라가 왕의 것이
아니라 백성의 것이므로 왕도 백성의 뜻에 따라 나라를 다스려야 한다
고 생각했습니다. 또 왕은 세습되므로 좋은 왕이 나올 수도 있고 나쁜
왕이 나올 수도 있으니 정치는 왕보다 신하를 중심으로 이루어져야 한
다고 주장했습니다. 신하들은 여러 가지 시험도 거치고 일하는 과정에
서 능력과 도덕성을 검증받기 때문에 왕 한 사람한테 맡기는 것보다
훨씬 안전하다는 것이지요. 이렇듯 당시로서는 매우 혁명적인 신권론
(臣權論)을 주장한 정도전은 결국 왕권 강화를 노리던 이방원의 공격을
받아 암살당하고 맙니다. 그러나 왕의 자의적 통치에 나라를 맡겨서는
안 된다는 정도전의 신권사상은 후세의 사림과 성리학자들에게 전해

졌고 지금의 헌법과 같은 〈경국대전(經國大典)〉의 완성으로 이어졌습니다.

연산군 같은 예외적인 경우도 있었지만 조선 시대 왕들은 대체로 〈경국대전〉이라는 법의 틀을 지키면서 의정부나 육조(六曹) 등의 정부조직을 통해 제도적 통치를 하려고 노력했습니다. 그러나 아무리 현명한 왕이 나타나서 법과 제도에 따라 나라를 다스린다 해도 백성은 여전히 통치의 대상이지 나라의 주인은 아니었습니다. 민본(for the people)은 이루어질지 몰라도 민권(of the people)은 원천적으로 불가능했던 것입니다.

이런 상태에서는 왕이 마음만 바꾸면 언제든 선정(善政)이 폭정(暴政)으로 돌변할 수 있었습니다. 누가 왕이 되든 흔들리지 않는 법과 제도에 의한 통치 질서가 필요했고, 이러한 새로운 질서는 시민 혁명과 근대화를 거치지 않으면 만들어낼 수가 없었던 것입니다.

우리 나라에서 법과 제도에 의한 통치라는 정치 제도화가 본격적으로 이루어진 것은 1948년 대한민국 정부가 수립되고 나서부터입니다. 1948년 7월 17일 우리 나라의 헌법이 만들어졌고 이 헌법에 따라 1948년 8월 15일 대한민국 정부가 출범했습니다. 그러므로 7월 17일 제헌절이 없었다면 지금의 대한민국도 존재할 수 없을 겁니다. 우리가 제헌절을 국경일로 기념하는 이유가 여기에 있습니다.

1948년 대한민국 정부가 출범했어도 법과 제도에 의한 통치가 곧바로 튼튼하게 자리잡지는 못했습니다. 이승만 정부와 박정희 정부, 전두환·노태우 정부에서는 법과 제도보다는 대통령의 자의적 결정으로 다스려진 적이 많았습니다. 또 자신의 권력 연장을 위해 법을 무시하거나 헌법을 마음대로 뜯어고친 경우도 많았습니다. 이 모든 자의적 지배와 폭정을 끝낸 것이 1987년 6월 민주 항쟁이었습니다. '모든 권력은 국민으로부터 나온다. 법과 제도에 의하지 아니하고는 어느 누구도 국민을 통치할 수 없다.' 이것이 6월 민주 항쟁의 정신이었습니다. 지금 우리는 20년 전 6월 민주 항쟁이 만들어낸 민주주의 사회에서 살고 있습니다. 건국한 지 40년 만에 비로소 실질적인 법치주의와 삼권 분립된 민주주의 정치가 제도화된 것입니다.

천상천하 유아독존

프랑스 시민 혁명, 영국 명예혁명, 미국의 독립 전쟁을 3대 시민 혁명이라고 부릅니다. 인류는 18세기의 이 3대 시민 혁명을 거치면서 "인간의 기본권은 하늘로부터 부여받은 신성불가침한 권리"라는 '천부 인권론(天賦人權論)'을 확립하였습니다. 또한 "인간은 사회적 약속인 법에 의하지 아니하고는 어떠한 지배도 받지 않는다”는 법치주의와 “권력은 입법, 사법, 행정 간의 분립과 상호 견제 감시를 통해 운용되어야 한다”는 삼권 분립 제도를 정착시켰습니다. 이로써 인류는 역사상 가장 발전된 정치 제도인 민주주의 시대를 맞이하게 되었습니다. 링컨이 말한 국민의(of the people) 국민에 의한(by the people) 국민을 위한(for the people)정치가 비로소 실현된 것입니다.

천부 인권론은 인권의 절대성을 강조하는 정치사상입니다. 인간의 존엄성을 지키기 위해 꼭 필요한 권리, 즉 기본권은 어떤 경우에도 포기해서는 안 되고 그 누구도 이를 침범해서는 안 된다는 것입니다. 거대한 국가권력도 한 개인의 인권과 기본권보다 더 소중하지도 강력하지도 않다는 겁니다. 이러한 인권의 절대성은 그 인권을 가진 개인의 절대성을 의미하기도 합니다. 지금껏 사회의 한 구성원으로만 인식되었던 개인이 그 어떤 사회, 그 어떤 공동체보다도 앞서는 소중한 존재가 된 것입니다.

“만약 내가 없다면 이 우주도, 이 사회도 도대체 나에게 무슨 의미가 있단 말인가.”

“만약 내가 인간으로서 존엄성을 지키지 못한다면 이 풍요로운 생산물과 자유가 도대체 나에게 무슨 의미가 있단 말인가.”

"나는 전 우주를 모두 합친 것보다 소중하고 이 세상의 어떤 힘보다
도 우선이다."

이렇게 해서 근대 사회의 핵심 원리인 개인주의가 탄생했습니다. 그
전까지는 인간 역사를 민족이나 공동체를 중심으로 설명했으나 이제
는 개인을 중심으로 설명하게 되었습니다. 민족과 공동체의 이익 못지
않게 개인의 이해관계도 존중하게 되었습니다. 공동체에 이익이 되면
개인은 희생되어도 좋다는 사고방식 대신에 개인에게도 이익이 되고
공동체에게도 이익이 되는 것을 찾아 내는 시대가 되었습니다.

이와 같은 개인주의는 "천상천하 유아독존"이라는 부처님의 가르침
과도 일맥상통합니다. 이 세상에 자기 자신만큼 소중한 것은 없다는
거지요. 자유주의는 이러한 개인주의가 사회관계에 확대 적용된 정치
사상입니다.

"내가 이 세상에서 가장 소중한 존재라면 나와 똑같은 당신도 세상
에서 가장 소중한 존재이다. 따라서 나의 인권과 권리가 존중받는 그
만큼 당신의 인권과 권리도 존중되어야 한다."

"특히 인간의 존엄성과 직접 관련된 사상, 양심, 종교, 언론, 집회, 출
판, 신체의 자유 등 기본권은 어떠한 경우에도 침해받아서는 안 된다."

"공동체의 모든 결정은 존엄성을 가진 자유로운 개인들의 자유로운

선택에 의해 이루어져야 하며, 국가는 이 결정을 집행하는 데 필요한 최소한의 수단만을 보유해야 한다.”

이것이 자유주의 정치사상의 내용입니다. 이렇듯 천부 인권론은 근대 사회의 핵심 원리인 개인주의의 기초로서 민주주의의 핵을 구성합니다.

모든 사람은 법 앞에 평등하다

두 번째 원리인 법치주의 역시 인권의 절대성을 전제합니다. 절대적으로 소중한 인권을 가진 개인들을 통치함에 있어 그 통치의 근거를 각 개인들간의 약속에서 찾아야 한다는 것입니다. 개인들 간의 자유로운 선택에 의한 약속만이 각 개인의 절대적 인권과 배치되지 않으면서 통치할 수 있는 힘이 됩니다. 여기서 말하는 '자유로운 선택에 의한 개인들 간의 약속', 그것이 바로 법(法)입니다. 법은 어느 날 하늘에서 뚝 떨어진 것이 아닙니다. 세계에서 가장 오래 된 〈함무라비 법전〉이나 고조선 시대의 〈팔조금법〉(八條禁法) 모두 인간들 간의 약속입니다. “사람을 죽인 자는 사형에 처하자.” “도둑질한 자는 그 두 배로 변상하게 하자”는 약속이 오랜 세월 내려오면서 그 사회의 규칙과 관습이 되고 법이 된 것입니다.

법에 의해 통치되는 사회는 그렇지 않은 사회에 비해 다음 두 가지 점에서 발전 가능성이 높습니다.

첫째는 모든 사람이 법 앞에 평등하므로 누구나 다 열심히 살아갑니다. 100미터 달리기 경주에서 어떤 사람이 50미터 앞에서 출발한다면 출발점에 서 있는 나머지 사람들이 과연 최선을 다해 달릴까요? 아마 그렇지 않을 겁니다. 경주를 하기도 전에 1등이 정해져버린 셈인데 누가 열심히 달리려고 하겠어요? 이런 불공평한 경주에서는 앞선 사람도 대충 달리게 되고, 뒤쳐진 사람들은 아예 뛰지도 않을 테니 세계 기록이 나오기는 애당초 틀린 일이겠지요. 이런 사회는 정체되고 후퇴하게 됩니다. 법 앞의 평등과 기회의 평등은 그 사회가 건강하게 발전하기 위해 꼭 필요한 원칙인 것입니다.

물론 여기에도 예외는 있습니다. 사회적 소수자의 권리 보호가 바로 그것입니다. 다시 100미터 경주를 볼까요. 100미터 경주에 참가하는 사람 중에 장애인이나 노약자가 있으면 어떻게 해야 할까요. 똑같이 출발하는 것이 맞을까요 아니면 30미터쯤 앞에서 출발하도록 배려하는 것이 맞을까요. 장애인이나 노약자의 경우 같은 출발선에서 출발한다면 백 번을 뛰어도 꼴찌를 하겠지요. 이런 것은 겉으로는 평등으로 보일지 몰라도 진정한 평등이 아닙니다. 30미터 앞에서 출발해 이기기도 하고 지기도 할 때, 다시 말해 경쟁의 결과를 예측하기 어려울 때 진정한 평등이 이루어지는 것입니다. 사회적 소수자에 대한 배려, 이 것을 '사회적 관용'이라고 합니다.

둘째는 법치주의가 실현될 때만 미래를 예측하고 계획할 수 있다는 것입니다. 미래를 준비하는 것은 인간만이 할 수 있는 것입니다. 곰이 겨울잠을 자기 전에 몸속에 지방을 비축하기 위해 닥치는 대로 먹고, 다람쥐가 도토리를 여기저기 숨겨두고, 북으로 간 철새가 겨울이 다가 오면 남으로 내려오는 등의 행동도 일종의 예측이나 계획이라고 할 수 있을지 모르지만 이들의 행동은 어디까지나 유전자의 지시에 따른 '본능적 행동'입니다. 인간만이 본능이 아닌 이성에 따라 상황을 예측 하고 미래를 준비하며 자신의 행동을 계획합니다. 그러나 인간도 항상 그런 것은 아닙니다.

오늘 우측통행이던 자동차가 내일 갑자기 좌측통행을 한다면 어떻 게 될까요. 오늘까지 정지 신호이던 빨간 불이 내일부터 통과 신호로 바뀐다면 어떻게 될까요? 누구도 내일을 기약할 수 없게 됩니다. 미래 를 준비할 수 없게 됩니다. 모두 찰나에 불과한 현재만을 생각하게 되 는 거죠. 그 순간 인간은 동물과 다를 바 없게 됩니다. 미래에 대한 생 각이 불가능해지므로 과거에 대한 기억도 아무 의미가 없게 됩니다.

오로지 현재 자신이 필요로 하는 것만 중요해지죠. 이런 상황에서는 어떤 인간도 서로 이해하려 하지 않겠죠. 협력도 양보도 없게 됩니다. 사회관계도 존재하지 않습니다.

법치주의가 무너진다는 것은 이토록 무서운 것입니다. 어떠한 발전도 불가능한 세상이 되는 것이고, 어떠한 관계 설정도 불가능해 마침내는 인간이 동물로 추락하는 것입니다. 그러므로 시민 혁명을 통해 법치주의를 확립했다는 것은 곧 인류가 동물적 삶에서 진정한 의미의 인간적 삶으로 발전했다는 뜻이기도 한 것입니다.

권력은 독점되어서는 안 된다

근대 국가의 통치 제도는 3개의 부분으로 구성되는 것이 일반적입니다. 법을 만드는 입법부, 법에 따라 행정을 집행하는 행정부, 그리고 법을 위반했을 때 이를 제재하는 사법부가 그것입니다. 모두 다 강력한 힘과 권한을 갖는 기구들이지요. 그러다 보니 이중 어느 한 부분이 과도하게 힘을 가지게 되면 독재가 될 위험이 커졌습니다. 사실 왕의 힘이란 이 입법권, 행정권, 사법권을 독점하는 데서 나오는 것입니다. 이런 상황을 원천적으로 예방하기 위해 권력을 분립시키자는 주장이 대두하게 되었습니다. 이것이 삼권 분립론입니다. 그러니까 삼권 분립의 핵심은 권력을 독점하지 못하게 하는 것입니다.

삼권 분립 원리는 각 나라의 문화적 특성과 국민들의 선택에 따라 3가지 형태의 정부로 나타났습니다. 대통령 중심제와 의원 내각제, 그리고 이원 집정부제가 그것입니다. 삼권을 분립하여 상호 견제하되 대통령과 행정부를 통치의 중심에 놓고 운영하면 대통령 중심제가 되고 입법부의 의원들이 정부를 구성해 운영하면 의원 내각제가 됩니다. 우리 나라는 미국과 같은 대통령 중심제를 택하고 있고 영국, 독일 등 대부분의 유럽 국가들은 의원 내각제를 택하고 있지요. 물론 프랑스처럼 대통령 중심제와 의원 내각제를 반씩 섞어놓은 이원 집정부제를 택한 나라들도 있습니다.

대통령 중심제는 4년 또는 5년이라는 정해진 임기 동안 대통령이 안정적으로 정책을 집행할 수 있는 좋은 점이 있는 반면에 대통령의 권한이 강해 독재로 흐를 위험성이 있다고 하지요. 이에 비해 의원 내각제는 국민의 대표인 의원들이 정부를 구성하므로 국민의 소리를 잘 듣고 이를 국가 정책에 반영할 수 있는 장점이 있는 반면에 대통령제처럼 안정적이고 강력하게 정책을 추진하기 어려운 단점이 있다고 평가합니다.

그러나 이런 평가는 일반적으로 그렇다는 것이지 절대적인 것은 아닙니다. 스웨덴, 노르웨이, 핀란드 등 북유럽 국가들은 의원 내각제를 채택하고 있지만 매우 안정적으로 국가를 경영하고 있습니다. 반면 남미의 여러 나라는 대통령제를 채택하고 있어 외형상 정부가 강해 보이지만 실제로는 안정적으로 정책을 추진하지 못하고 정치 불안정에 시달려 왔습니다. 이런 것을 보면 제도가 모든 것을 결정하지는 못하는 것 같습니다. 어떤 제도를 택하건 그것을 운영하는 사람들에 따라 좋은 결과가 나올 수도 있고 나쁜 결과가 나올 수도 있는 것입니다.

우리 나라는 1948년 정부 출범 때부터 미국식 제도인 대통령 중심제를 채택해 오다가 4·19 혁명 후 일시적으로 의원 내각제를 한 적이 있어요. 그러나 곧이어 터진 5·16 군사 쿠데타로 군부가 정권을 잡고 독재 정치를 실시하면서 대통령 중심제로 다시 돌아갔지요. 이때 군부가 주도한 대통령 중심제는 대통령과 군부가 입법부, 사법부까지 사실상 장악한 권력 구조였기 때문에 삼권 분립이 완전히 무시된, 철저한 대통령 중심의 독재 정권이었습니다.

이 시기에 대통령과 군부는 입법부를 장악하기 위해 국회의원의 3

분의 1을 대통령이 직접 임명하는 '유신정우회'라는 어용 국회의원 단체까지 만들어 운영하기도 했습니다. 또 정치 사건의 경우 형식상 판사가 재판을 하지만 정보 기관이 뒤에서 판사에게 쪽지를 보내 죄의 유무와 형량을 결정하는 '쪽지 재판'이 횡행하기도 했습니다.

앞에서도 말했듯이 대통령 중심제와 의원 내각제는 제도 자체만으로 좋다 나쁘다 할 수는 없습니다. 어떤 제도이건 그것을 운영하는 것은 사람이므로 1970년대 유신 체제처럼 독재 정권이 통치를 하면 아무리 완벽한 제도라도 독재의 수단으로 악용당할 수밖에 없는 것입니다. '제도도 중요하지만 그 제도를 움직이는 사람이 더 중요하다'라는 점을 명심해야 할 것입니다.

처음에는 힘이 세고 싸움을 잘하고 지략이 뛰어나고 좋은 부하들을 많이 거느리고 있는 사람이 왕이 되었단다. 왕조를 세운 주몽, 대조영, 왕건, 이성계 등이 다 그랬어. 그러나 이 사람들이 일단 왕이 되면 과정에 대한 설명이 달라진단다. 모든 것이 하늘의 뜻이었다고 설명해. 『용비어천가』처럼 말이야. '실력으로 된 게 아니라 하늘의 뜻에 따라, 즉 인력이 아니라 천명에 의해 왕이 됐다'고 설명하는 거란다. 일종의 왕권신수설이야.

이렇게 설명해야만 다음 왕도 하늘의 뜻에 따라 같은 혈통의 왕가에서 나와야 된다고 말할 수 있겠지. 물론 왕의 혈통을 이어받은 왕자들이 여럿일 경우 제일 큰아들, 즉 장자가 신의 선택을 받은 것으로 간주하지.

현대는 왕권신수설이 존재하지 않는 시대란다. 신이 아니라 국민이 선택하는 시대이고 혈통이 아니라 성품과 능력에 의해 선택되는 시대야. 물론 영국이나 일본처럼 왕실이 있는 나라에서는 지금도 장자로 하여금 왕위를 계승하게 하지만 일종의 상징적 이벤트이므로 큰 의미를 둘 필요는 없을 것 같아.

폭군도 성군도 아닌 평범한 왕들이 압도적으로 많았단다. 시험쳐 뽑는 것도 아니고 왕의 아들이 다시 왕이 되는 것이므로 그 사람이 똑똑하고 현명하고 부지런하고 마음씨도 좋은 훌륭한 왕이 될 확률은 일반 국민 중 훌륭한 사람이 나올 확률과 크게 다르지 않았단다. 아니 왕가는 순혈주의(純血主義) 때문에 근친혼이 많아 유전학적으로는 오히려 열성이 나타날 가능성이 더 많았다고 할 수도 있어. 조선 시대만 보더라도 많은 왕들이 어릴 때부터 온갖 질병에 시달렸는데 그건 아마도 이와 같은 유전적 조건 때문에 그랬을 거야. 그렇지만 왕자들은 어릴 때부터 훌륭한 보육 환경에서 자라고 당대 최고의 학자들로부터 '특별 과외'를 받으면서 자랐단다. 공부도 매우 엄하게 시켜서 세종대왕의 경우는 너무 오래 책을 보다가 눈병이 생겨 두고두고 고생했다고도 해. 전기도 없던 옛날에 밤낮으로 책을 봤으니 그럴 만도 하지. 이 정도로 엄격하게 교육시켰으니 웬만한 사람이면 어느 정도까지는 왕의 역할을 잘할 수 있게 되겠지. 그래서 대다수의 왕들은 폭군도 아니고 성군도 아닌 중간 정도였다고 할 수 있단다.

조선 시대 폭군이라면 연산군 정도를 꼽아. 또 성군으로 부를 만한 사람도 세종대왕과 정조 정도가 아닐까 싶고. 하지만 이런 성군이나 폭군은 드물었고 대개는 보통 수준이었다고 할 수 있는데, 점수로 치면 75점 정도 되지 않을까?

우리 나라는 1910년까지 왕이 있었단다. 마지막 왕은 순종이었어. 1910년에 나라를 잃고 일본의 식민지로 전락했기 때문에 그후로 우리 나라에는 왕도 없고 대통령도 없었단다. 1919년 3·1 운동을 계기로 상해에 임시 정부가 구성되었고 여기서 이승만을 임시 정부 초대 대통령으로 뽑았지만 상징적 의미 이상은 아니었어. 그러다가 해방 후 3년이 지난 1948년 우리는 대한민국을 건국했고 초대 대통령에 이승만이 취임했단다. 그러니까 왕이 대통령으로 바뀌기까지는 일제 식민지 36년이라는 시간적 단절이 있었지.

유럽의 경우를 보면 왕에서 대통령, 또는 수상으로 바뀌는데 100~300여 년이 걸리지. 이 오랜 기간 동안 여러 차례의 시민 혁명을 거치면서 민주 정치 체제가 수립되어 대통령제나 내각제가 정착된 거란다. 그리고 지금 이 나라들은 옛날의 왕제를 남겨놓아 국민 통합의 상징으로 활용하는 지혜를 발휘하고 있단다. 이에 비해 식민지라는 심각한 역사적 단절을 겪은 우리 나라는 해방 후 미군정 하에서 미국식 대통령제를 채택했지만 이승만, 박정희 두 대통령의 독재와 장기 집권이라는 반민주적 상황에 직면하게 되었단다. 그로 인해 우리는 30여 년에 걸쳐 진정한 민주주의를 위해 독재와 싸우는 고통의 시간을 보내야 했고.

국민이 직접 뽑는 직선제 대통령은 어느 날 갑자기 하늘에서 떨어진 것이 아니라 이와 같은 지난한 민주주의 쟁취의 역사적 결과물이라는 점을 잊지 말아야 해.

영국, 스페인, 덴마크 등 유럽 국가들과 일본, 태국, 브루나이 등 아시아 국가들, 그리고 사우디아라비아, 요르단 등 아랍 국가들과 모나코 같은 작은 나라들이 왕제를 유지하고 있단다.

물론 대부분의 나라에서 왕은 실질적인 권력자가 아니라 상징적인 존재야. 국민의 사랑을 받는 마스코트 같은 존재란다. 태국의 왕실처럼 정치 안정의 보루로 역할을 하기도 하고 스페인 왕실처럼 무혈 민주화를 이끌기도 해. 그런데 사우디아라비아, 요르단, 아랍에미리트, 모로코 등 아랍권 국가들의 경우에는 아직도 왕실이 직접 국가를 통치하고 있단다. 아랍권 왕실은 엄청난 오일 달러(oil dollar. 원유를 팔아 얻은 수익)를 기반으로 직접 사업에 뛰어들기도 해. 세계적 갑부들 중에 아랍의 왕자들이 많은 것도 이 때문이란다.

왕제를 계속 유지할 것인가 말 것인가는 궁극적으로 국민이 결정할 문제란다. 이란은 1970년대까지 팔레비 왕실이 통치했는데 호메이니(Ruhollah Khomeini, 1900~1989. 이란 시아파 종교 지도자)가 이끄는 이슬람 근본주의자들의 혁명으로 왕제가 폐지되고 공화제로 바뀌었단다. 왕이든 대통령이든 국민의 사랑과 신뢰를 받지 못하면 바뀔 수밖에 없다는 것이 동서고금의 진리인 것이야.

4 민주주의가 뭐예요?

사람을 죽이는 것에는 옳고 그름이 분명히 있어요. 어떤 경우에도 살인은 나쁜 거지요. 그런데 교실의 커튼 색깔을 분홍색으로 할까 아니면 녹색으로 할까 하는 문제는 옳고 그른 문제가 아닙니다. 취향의 문제라고 할 수 있는 겁니다. 인간 세상에는 옳고 그른 것으로 판단할 문제도 많지만 동시에 그냥 취향으로 선택할 문제들도 많이 있습니다.

민주주의가 뭐예요?

어떤 제도를 택하건 운영을 잘하는 것이 중요하다고 했지요? 그렇다면 운영을 잘한다는 것은 어떤 것일까요. 국민이 국가의 주인으로서 법치주의와 삼권 분립의 원칙을 잘 지켜가면서 스스로 잘 통치하는 것이 운영을 잘하는 것일 겁니다. 우리는 정치를 이렇게 운영하는 것을 '민주주의'라고 부릅니다.

민주주의는 어려워

민주주의는 국민이 주인으로서 국민을 위해 스스로 통치하는 운영 방식을 말합니다. 그런데 여기에는 두 가지의 큰 어려움이 있습니다. 첫째는 주인인 국민이 모두 다 불완전한 인간들이라는 사실입니다. 신이 아닌 인간이 스스로 통치하는 것이기 때문에 자신들의 선택이 절대선인지 아닌지 진리인지 아닌지 아무도 확신할 수 없습니다.

둘째는 인간의 생각과 느낌은 백인백색, 그야말로 사람마다 다 다르다는 겁니다. 다시 말해 생각이 다 다르고 그중 어떤 것이 절대적으로 옳은지를 아무도 확신할 수 없는 사람들이 모여서 어떤 선택을 하고 결정을 내려야 하는 겁니다. 그러니 민주주의적 운영을 통해 올바른 길을 찾아가는 것이 얼마나 어려운 일이겠습니까?

이러다 보니 민주주의는 잘 훈련된 사람이 아니면 감당하기 어렵습니다. 남에 대한 이해와 배려가 부족하고 성질이 급한 사람, 남의 말을 듣기보다 자기 말하기를 더 좋아하는 사람, '자기 눈의 들보는 못 보고 남의 눈의 티만 보는 사람', 자신에게는 관용적이고 남에게는 엄격한 사람들은 민주주의를 하기가 참으로 어렵습니다.

유신 체제를 도입한 박정희 대통령은 선거와 국회를 '말만 많은 소모적인 제도'라고 규정하고 이를 사실상 없애버렸습니다. 대통령 선거는 자신을 지지하는 통일주체국민회의라는 관변 기구의 대의원들이 체육관에 모여 거행하는 간접 선거로 바꿔버렸고, 국회는 아예 문을 닫아버렸다가 국회의원의 3분의 1을 자신이 직접 임명하기도 했습니다. 민주주의를 쓸데없이 말만 많고 비용만 많이 드는 소모적인 제도라고 생각했던 거죠.

그러나 아무리 많은 비용이 들더라도 우리는 민주주의를 포기할 수 없습니다. 왜냐하면 민주주의를 통해서만 국민이 우리 사회의 주인이 될 수 있기 때문입니다.

최악을 피해 차악을 선택한다

그렇다면 민주주의는 구체적으로 어떻게 작동될까요. 그 비밀은 '다수결의 원칙'에 있습니다.

만약 40명의 학생 중에서 한 명이 완전하고 나머지 39명이 불완전하다면 아무리 생각이 다르다고 해도 39명은 '완전한 한 명'을 따라야겠지요. 그의 주장이 곧 진리일 테니까요(진리는 머릿수하고 관계없답니다). 바로 이것이 플라톤이 말하는 '철인(哲人) 정치'입니다.

인간이 오류를 저지르지 않는 철인이 될 수 있다는 생각은 옛날부터 참으로 많은 사람들이 빠졌던 오류입니다. 역사상 그 누구도 철인이 될 수는 없었습니다. 이것은 인간이 신이 될 수 없는 것과 같은 너무도 명백한 사실입니다. 누구도 완전할 수 없다면 철인 정치는 불가능합니다. 완전한 사람이 없다면 한 사람보다는 두 사람의 의견이, 두 사람보다는 네 사람의 의견이 더 나을 가능성이 높습니다. 결국 40명 중 최대 다수가 동의한 것이 틀릴 가능성이 제일 적다라고 생각할 수밖에 없습니다. 이것이 바로 다수결의 원리입니다.

그럼 이번에는 인간의 다양성에 대해 생각해 볼까요. 세상일에는 옳고 그른 것으로 판단될 문제도 있지만 그렇지 않은 것도 많습니다.

사람을 죽이는 것에는 옳고 그름이 분명히 있습니다. 어떤 경우에도 살인은 나쁜것입니다. 그런데 교실의 커튼 색깔을 분홍색으로 할까 아니면 녹색으로 할까 하는 문제는 옳고 그른 문제가 아닙니다. 취향의 문제라고 할 수 있는 겁니다. 인간 세상에는 옳고 그른 것으로 판단할 문제도 많지만 동시에 그냥 취향으로 선택할 문제들도 많이 있습니다.

만약 분홍색이 옳고, 녹색이 틀리다면 39명이 녹색을 선택해도 한 사람이 선택한 분홍색 커튼을 달아야 하겠지요, 그러나 옳고 그른 문제가 아니라 개성과 취향의 문제라면 21명이 분홍색, 19명이 녹색일 때는 한 명이라도 더 많은 분홍색 커튼을 다는 것이 올바른 선택이 될 것입니다.

다수결의 원리는 인간의 불완전함과 다양성을 인정하고 최선을 찾아가는 방법임과 동시에 최대 다수의 합의를 만들어가는 정치 원리입니다. 최선이 안 되면 덜 나쁜 것, 즉 최악(最惡)을 피해 차악(次惡)이라도 찾아가는 사회 운영 원리이기도 합니다.

앞에서 무엇이 옳은지를 판단해 옳은 것을 선택하면 된다고 했지만 현실에서는 옳고 그른 것이 분명하지 않을 때가 많습니다. 살인은 어떤 경우에도 나쁘다고 했지만 전쟁 상황이라면 어떨까요. 아무리 전쟁 상황이라도 살인은 잘못이라고 주장하는 사람들도 있습니다. 그런 이유로 군대 가기를 거부하지요. 그러나 대다수의 사람들은 살인은 나쁘지만 나라와 가족을 지키기 위해 필요하다면 살인을 할 수도 있다고 생각합니다. 전쟁이나 정당방위 상황 같은 경우가 여기에 해당되지요. 이처럼 명백해 보이는 문제도 따지고 보면 생각해야 할 것들이 많이

있습니다. 이럴 때 우리는 결국 다수의 합리적인 선택에 의지하게 됩
니다.

법에서의 다수결, 배심원제

미국이나 유럽에서 실시하고 있는 배심원제는 이런 고민 끝에 나온
일종의 어쩔수 없는 선택이라고 할 수 있습니다. 어떤 사람이 살인을
했다는 이유로 기소가 되었습니다. 그러나 이 사실을 100% 확실하게
알고 있는 사람은 세상에 두 사람밖에 없습니다. 아니 사실은 살인을
했다고 기소된 본인 한 사람이지요. 다른 한 사람은 이미 죽었으니까요.

신이라면 그 사람이 정말 살인을 했는지 알 수 있겠지만 신은 말이
없습니다. 그렇다고 옛날처럼 신에게 재판을 해달라고 할 수도 없습니
다. 사실 옛날에는 신에게 재판을 해달라고 한 적도 많았습니다. '법
(法)'이라는 한자어 자체가 신성한 동물의 뿔에다 대봐서 죄가 있고 없
음을 판가름했다는 데서 연유한 것입니다.

어쨌든 100% 진실을 알고 있는 사람은 본인뿐이니 결국 나머지는
증거에 의존해 판단할 수밖에 없습니다. 그런데 증거라고 하는 것이
99%까지는 몰라도 100% 확실한 것은 아닙니다. 과학 수사의 대명사
인 DNA 분석 같은 것도 결국 확률이기 때문에 100% 확증이란 있을

수 없습니다. 따라서 현대 과학을 모두 동원해 증거를 수집한다 해도 정말로 그 사람이 살인을 했다고 100% 단언할 수는 없다는 거지요. 그렇기 때문에 최종적인 판단은 다수의 상식과 합리적인 판단에 의지하는 겁니다. 인간의 불완전성을 감안할 때 가장 합리적인 해결책은 한 사람보다는 여러 사람의 판단에 의하는 것이 좋다는 생각이 바로 배심원제의 핵심인 거죠. 그러니까 배심원제는 사법부의 민주적인 운영 형태라 볼 수 있습니다. 같은 문제 의식 때문에 삼심제를 두고 있기도 하구요.

전문성이 특권화되어서는 안 된다

그런데 여기서 전문성과 상식의 관계를 어떻게 볼 것인가 하는 문제가 제기됩니다. 무엇이 옳고 그른지 판단할 때는 많은 경우 고도의 전문적 지식이 필요한데 전문성이 없는 다수의 상식에 맡길 경우 결과적으로 잘못된 판단이 나올 위험성이 있지 않느냐는 겁니다. 사실 이렇게 따지면 현대 세계는 거의 모든 영역에서 전문성이 요구됩니다. 그만큼 사회가 분화되어 있기 때문이지요.

결국 인간의 보편적인 이성과 합리성이냐, 전문성이냐 하는 문제로 귀결되는데, 전문성보다는 인간 이성의 합리성을 우선적인 가치로 보

 그 바탕에는 우리 인간이 때로는 전문성 부족으로 잘못된 판단을 할 수도 있지만 인간이 이성적이고 합리적이라면 그 잘못을 수정할 능력도 있다는 믿음이 있습니다. 다소의 시행착오는 인간 이성과 합리성에 대한 믿음의 대가로 감당해도 좋다는 것이지요. 전문가들은 자신이 가진 전문성으로 권위나 힘을 얻으려 할 것이 아니라 이성적이고 합리적인 다수의 올바른 판단을 도와야 할 의무와 책임이 있습니다. 이것이 바로 전문가의 직업 윤리이고 도덕성입니다.

다시 재판으로 가볼까요. 기소된 사람이 죄를 지었다고 입증할 책임은 배심원한테 있는 것도 아니고 판사한테 있는 것도 아닙니다. 입증 책임은 이 사람을 기소한 '전문성'을 갖춘 검사한테 있습니다. 검사가 입증하고 배심원이 유죄 판결을 내리기 전까지 피고는 무죄로 추정됩니다. 따라서 검사는 자신이 갖고 있는 모든 전문성을 동원해서 기소한 사람이 죄가 있다고 입증을 해야 합니다. 그것이 '전문가'인 검사의 의무와 책임입니다. 이러다 보면 '무식한 배심원들 때문에 검사 못하겠다.' 하는 검사도 나올 수 있겠는데, 그렇다면 그 사람은 검사를 그만둬야합니다. 자신의 전문성을 이해할 수 있는 '유식한' 배심원들만 사는 나라에 가서 검사를 하든지 말입니다.

이 문제를 국가 차원으로 확대해서 보면 모든 정책 집행과 설득 과정의 책임은 국민이 아니라 정부한테 있다는 것으로 요약됩니다. 국민이나 시민 단체가 어떤 문제를 제기했을 때 그것을 추진하는 정부는 '전문성도 없이 그런 걸 문제라고 제기하느냐'고 할 것이 아니라 자기들이 갖고 있는 전문성을 총동원해서라도 국민이 제기한 문제를 잘 해명하고 설득해야 하는 겁니다. 그 일을 하라고 국민의 세금으로 정부를 운영하고 있는 것 아니겠습니까? 전문성이 특권이 되어서는 안 되는 것입니다.

잘 알겠지만 민주주의라는 말은 그리스어 'demokratia'에 그 기원을 두고 있단다. 이 말은 'demo'(국민)와 'kratos'(지배)의 두 단어가 합쳐진 것으로 권력이 소수 귀족에게 독점되어 있는 귀족제나 왕 한 사람에게 독점되어 있는 군주제에 대응해 권력이 국민에게 귀속되는 정치 체제를 일컫지.

민주주의는 역사적으로 영국의 명예혁명, 프랑스의 시민 혁명, 미국의 독립 전쟁 등의 3대 혁명을 거치면서 인류 보편의 가치와 제도로 정착되었단다. 그러나 나라마다 사회 경제적 체제가 달라서 민주주의의 구체적인 형태 또한 다양하게 나타나게 되었지.

자본주의 사회에서 민주주의는 일반적으로 자유민주주의 형태로 나타난단다. 개인의 자유를 최대한 보장하고 시장 경쟁의 원리를 강조하는 민주주의를 자유 민주주의라고 할 수 있지. 우리나라도 이 자유 민주주의를 채택해오고 있단다.

한편 자본주의 사회에서 나타나는 불평등을 시정하기 위해 선거 등 평화적인 방식을 통해 생산 수단을 사회적으로 소유하고 관리하려는 흐름이 스웨덴, 노르웨이 등 북유럽 국가들에서 나타났는데 이를 사회민주주의라고 부른단다. 또한 지방 자치 차원에서 민주주의를 구현하는 것을 풀뿌리 민주주의라고 하고, 21세기 지식 정보 사회를 맞아 정보 독점을 해소하고 정보의 민주적 공유를 확대하는 것을 정보 민주주의라고 부르지.

이렇듯 민주주의는 역사적으로 다양하게 발전되어 왔단다. 물론 지금도 사회 변화에 따라 지속적으로 그 영역을 넓혀가고 있지. 그래서 민주주의를 살아 있는 생활 방식이자 가치라고 부르는 거야.

국회의원이 하는 일은 세 가지란다. 하나는 법을 만들고 고치는 일이야. 우리나라는 법치 국가이니만큼 법을 고치거나 새로 만드는 일은 나라를 경영하는 기본 원칙을 바로 잡아가는 매우 중요한 일이란다. 우리가 국회를 '법을 만드는 곳' 즉 '입법부'라 부르는 것도 이러한 이유 때문이지.

다른 하나는 행정부와 사법부를 감시·감독하는 일이란다. 사회가 분화, 발전됨에 따라 행정부와 사법부도 점점 커지고 하는 일도 많아졌어. 이에 따라 행정부와 사법부가 법대로 잘 운영되고 있는지를 감시·감독할 필요가 생겼단다. 국회는 이를 위해 국정 감사 제도를 운영하고 있단다. 국무총리나 장관, 대법원장이나 대법원 판사, 헌법 재판소 재판관 등에 대해 인사 청문회도 하지.

마지막으로, 국회는 예산을 심의하고 결정한단다. 정부가 제출한 나라 살림 계획에 대해 최종 결정을 하는 것이란다.

이렇게 국회와 행정부, 사법부가 서로 견제하고 감시·감독함으로써 권력 독점을 미연에 방지하는 것이 민주적 정치 운영의 핵심 장치인 권력 분립 제도란다.

흔히 국회의원들을 가리켜 "할 일은 안 하고 자기들끼리 싸움만 하는 정치인들"이라고 비아냥대는데 실제로 유신 독재 시대에는 국회의원이 입법 기능이나 정부 감시 역할을 제대로 못하고 정부가 시키는 대로 손만 들어준다고 해서 '거수기'라 불리기도 했단다.

1980년대 이후에는 여야 간 권력 투쟁이 심해져 사사건건 여와 야로 갈라져 싸우는 '패거리 정치'가 나타났단다. 옳은 소리를 해도 당이 다르면 반대하고 잘못을 해도 같은 당이면 감싸주는 패거리 정치 때문에 우리 정치는 한 걸음도 앞으로 나아갈 수가 없었어.

생산적인 정치, 깨끗하고 투명한 정치를 구현하자는 정치 개혁에 대한 국민의 요구는 21세기로 접어들면서 조금씩 실현되고 있단다. 많은 국회의원들이 국민의 뜻을 반영해 좋은 정책을 개발하고 법으로 만들기 위해 노력하고 있단다. 그러나 아직도 일부 국회의원들은 당리당략에 따라 패거리 정치를 하고 있어 눈살을 찌푸리게 해. 시민들의 지속적인 감시와 선거를 통한 교체만이 이들을 솎아내고 깨끗하고 투명하면서도 생산적인 '정책 국회'를 만들 수 있는 길이라고 봐.

국회의원 중에는 왜 변호사가 많은가요?

국회의원의 직업을 보면 변호사들이 많단다. 아무래도 법을 다루는 국회의원이라 그렇지 않은가 생각돼. 그러나 이것을 당연하다고 생각할 필요는 없단다. 국회의원은 국민의 대표이니만큼 얼마나 법을 잘 아느냐 이전에 얼마나 국민의 뜻을 잘 아느냐가 더 중요해. 국민의 뜻을 더 잘 알고 더 잘 반영할 수 있다면 법에 대한 전문 지식이 없어도 훌륭한 국회의원이 될 수 있단다. 꼭 필요한 법률 지식은 변호사 같은 법률 전문가들로부터 도움을 받으면 되고.

이 문제를 좀 확대해서 보면 전문성과 상식의 문제가 된단다. 사회가 분화·발전해가면 전문가들이 많이 나타나는데, 국가 경영을 이들 전문가에게 맡기는 게 좋으냐 하는 문제가 제기될 수 있단다.

그런데 두 가지 이유로 국가 경영은 상식인이 맡는 것이 좋다고 할 수 있단다. 첫째는 전문가란 특정 분야에만 전문가인 반면에 국가 경영은 모든 분야에 걸쳐 있기 때문에 전문가에게 국가 경영을 맡기자면 여러 명의 전문가에게 집단으로 국가 경영을 맡기자는 말이 되는 거야. 그런데 실제로는 누가 그 분야에 최고의 전문가인지를 결정하기 어렵기 때문에 결국 아무한테도 맡기지 못하는 상태가 될 수 있단다. 만약 국가 경영 전문가라는 직업이 있고 우리가 국가 경영을 이 전문가에게 맡기기로 한다면 우리는 대통령을 선거로 뽑을 것이 아니라 시험으로 뽑아야 할 거야.

둘째로 전문성이 자동적으로 선하고 올바른 가치를 가져다주지는 않는다는 거야. 특정 분야의 전문가라는 사실과 그 사람이 올바른 역사의식을 갖추고 있고 정치·사회적으로 바람직한 입장과 태도를 가지고 있느냐 하는 것은 전혀 다른 문제란다.

'지혜롭지 못한 지식인'이라는 말을 들어본 적이 있니? 대학교수 같은 최고의 전문가, 지식인들이라도 지혜롭지 못한 경우가 얼마든지 있단다. 최근 사회적으로 문제가 되고 있는 분식회계 같은 '화이트칼라 범죄'가 대표적인 경우란다. 회사의 경영인이나 회계사 같은 전문인들이 자신의 지식을 이용해 교묘하게 범죄를 저질러 사회적으로 엄청난 피해를 주는 경우를 '화이트칼라 범죄'라고 하는데, 이때는 벌을 더 엄하게 주는 '가중 처벌'을 하게끔 하고 있단다. 그만큼 피해가 크기 때문이지. 결국 우리가 마지막까지 믿을 것은 우리 모두의 상식과 지혜란다. 똑똑한 한 사람의 뛰어난 생각보다 평범한 열 사람의 현명한 지혜가 우리를 올바른 길로 이끌어가는 거란다.

여기서 상식의 중요성에 대해 다시 한번 생각해보자. '상식은 누구나 다 아는 평범한 사실이다'라고 생각하기 쉽단다. 예를 들어 누가 '지구는 둥글다'고 하면 사람들은 '그건 상식이다'라고 얘기할 거야. 지구가 둥글다는 사실은 21세기의 우리들에게는 '새로울 것 없는 평범한 사실', 즉 상식이란다. 그러나 16~17세기에도 그랬을까? 그때는 지구가 둥글다는 주장을 한 이유만으로 화형을 당해 죽은 사람들까지 있었단다.

‘지구가 둥글다’는 것이 상식으로 자리잡게 된 데에는 수많은 세월과 수많은 과학자, 철학자들의 연구와 노력, 그리고 선각자들의 희생이 있었단다. 우리가 잘 알고 있고, 또 행하고 있는 대부분의 상식도 모두 이런 역사적 배경을 갖고 있단다. ‘사람은 평등하다’는 상식도 불과 100년 전까지는 상식이 아니었단다. 아니 어쩌면 지금도 상식이 아닌지 모르지.

이렇듯 이 세상의 상식 중 그 어느 것도 공짜로 주어진 것은 없단다. 모든 상식은 상식으로 자리잡기 전에는 상식이 아니었고 상식으로 자리잡는 과정에서 많은 어려움이 있었단다. 이러한 생각을 더 발전시키면 지금 우리가 상식으로 생각하고 있는 것들도 언젠가는 상식이 아니게 될 수도 있다고 짐작할 수 있겠지. 끊임없이 의심하고 질문하고 생각하는 ‘열린 마음’만이 새로운 상식을 만들어가고 받아들일 수 있는 통로란다.

공부를 못해도 국회의원을 할 수 있나요?

행복이 성적순이 아니듯 국회의원도 성적순으로 뽑는 게 아니란다. 국민의 소리를 잘 듣고 책임감과 헌신성을 갖고 국민을 위해 열심히 일할 수 있는 사람이라면 누구든 국회의원도 되고 대통령도 될 수 있단다.

정치 지도자 중에 공부 못하기로 유명했던 사람으로 윈스턴 처칠(Winston Leonard Spencer Churchill, 1874~1965)이 있단다. 2차 세계 대전 때 영국의 수상으로 대영 제국 최대의 위기를 슬기롭게 극복했을 뿐만 아니라 직접 쓴 회고록으로 노벨 문학상을 받을 만큼 뛰어난 능력을 발휘한 처칠이지만 그는 학교에서 낙제를 했단다. 정치 지도자는 아니지만 에디슨도 학교 교과 과정을 제대로 따라

가지 못해 지진아 소리를 들어야 했고. 우리 나라 대통령들도 특별히 공부를 잘 한 사람은 없었던 것 같아. 공부는 좀 못해도 되지만 책임성, 헌신성, 겸손함, 그 리고 애국심과 역사 의식이 없다면 정치 지도자의 자격이 없다고 해야겠지.

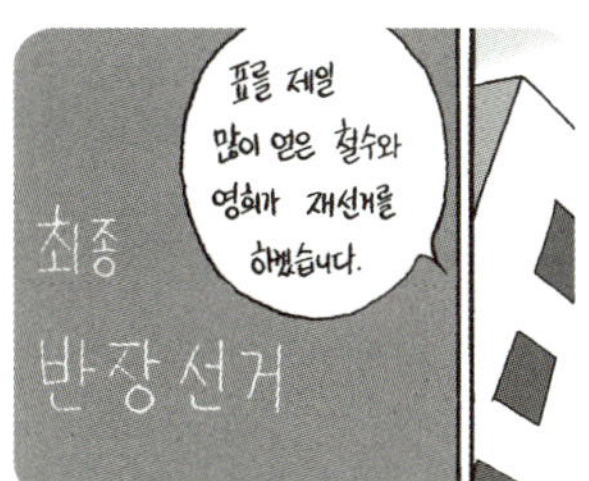

서로 입장이 다를 때 무조건 "야, 표결해. 다수결로 해!"라고 말하는 것은 소수파를 수로 밀어붙이려고 하는 거죠. 이런 건 민주주의가 아닙니다. 형식은 다수결일지 몰라도 진정한 다수결은 아니죠. 오히려 '다수의 횡포'라고 할 수 있습니다.

민주 정치, 어떻게 해야 잘할 수 있어요?

민주 정치에서는 대화가 중요합니다. 민주 정치는 다수의 사람들이 동의할 수 있는 결론을 이끌어내는 것인데 그러려면 대화와 토론으로 많은 사람들을 설득할 수 있어야 하기 때문이지요.

다른 사람의 열 마디를 들어야 해

누군가를 설득하려면 우선 내용이 올바라야 하겠지요. 그 다음에는 그것을 전달하는 토론 기술이 뛰어나야 할 거구요. 흔히 말 잘하는 사람을 보고 "그 사람 정치하면 되겠네"라고 할 때 그것은 말하는 기술이 뛰어나다는 것을 뜻합니다. 그러나 말재주만으로 많은 사람을 설득할 수는 없어요. 내용이 제대로 갖춰져 있어야 되겠죠. 역으로 내용이 올바르다고 해서 자동적으로 다수의 사람들이 동의하는 것은 아닙니다. 설명을 잘하는 것이 필요하지요.

민주주의 훈련을 한다는 것은 대화 훈련을 한다는 것이고 상대방을 설득하는 방법을 배우는 것입니다. 옛날 그리스 도시 국가에서도 정치인이 되려는 사람이 가장 먼저 배우는 것이 바로 대화술이었지요. 소크라테스가 그리스 청년들을 일깨우기 위해 택했던 방법도 대화이구요.

대화와 토론을 잘하려면 우선 잘 들어야 합니다. 대화를 잘하는 사람은 한 마디를 하기 위해 다른 사람의 열 마디를 듣는 사람입니다. 토론은 자기와 생각이 같은 사람이 아니라 자기와 생각이 다른 사람을 설득하는 것입니다. 그러니까 상대방이 나하고 어디가 어떻게 다른가, 왜 다른가 하는 것을 정확히 이해하지 않으면 상대방을 설득할 수가 없습니다. 자기 생각만 강조한다고 상대방이 설득될까요? 그래서 잘 들어야 하는 겁니다. 잘 듣고 나서 자기 생각을 조리 있게 전달해야만 말을 잘한다는 이야기를 들을 수 있습니다.

국민의 소리를 잘 들어야 해

이것은 정치에서도 똑같이 적용됩니다. 좋은 정치는 국민의 소리를 잘 듣는 정치입니다. 국민의 소리를 잘 듣고 국민의 뜻에 따라 정치를 행한다면 누가 그 정치인을 지지하지 않겠습니까? 그래서 예로부터 "국민은 하늘이다" "하늘의 소리를 듣듯이 국민의 소리를 들어라"고 해왔던 겁니다.

그렇다면 어떻게 해야 국민의 소리를 잘 들을 수 있을까요. 가장 확실한 방법은 국민 한 사람 한 사람으로부터 이야기를 들어보는 겁니다. 옛날 왕들은 가끔씩 변복(變服)을 하고 사람들이 많이 모이는 주막 같은 곳에 가서 오가는 사람들의 이야기를 들었습니다. 왕이 직접 국민의 소리를 들었던 거죠. 이를 통해 신하들의 좋은 소리만 듣고 있지 않은지 살펴보고 반성하는 기회를 가졌습니다. 그런가 하면 의금부에 신문고(申聞鼓)를 설치해 백성들의 억울한 사정을 듣기도 했습니다.

조선 시대 세종대왕은 공론(公論) 정치를 폈습니다. 나라의 정책을 결정하기 전에 신하들의 공론에 부쳐 의견수렴을 하는 정치였습니다. 공론 정치는 시간이 많이 걸리지만 한번 결정되면 흔들림 없이 강력하게 추진된다는 장점이 있었습니다. 세종이 오랜 기간 좋은 정치를 베풀 수 있었던 것도 이와 같은 공론 정치의 힘이 있었기 때문입니다.

조선 시대의 사림(士林)은 국가에 중요한 일이 있을 때마다 상소(上訴)를 올렸습니다. 당시에는 벼슬아치뿐만 아니라 시골에 사는 선비들도 상소를 올릴 수 있었습니다. 상소는 그야말로 백성의 소리를 직접 전하는 것이었습니다. '도끼 상소'로 유명한 조헌(趙憲, 1544~1592년.

조선 중기 유학자, 임진왜란 때 의병장)은 궁궐 문 앞에 도끼를 놓고 앉아 상소를 올렸습니다. 상소를 받아들이지 않을 거면 차라리 그 도끼로 목을 치라는 뜻이었죠. 이와 같은 상소의 전통 때문에 조선의 왕들은 언제나 국민의 소리를 무섭게 알고 조심해야 했던 것입니다.

현대에도 대통령이나 수상, 장관, 국회의원 등 정치 지도자들은 다양한 방식으로 국민의 소리를 듣고 있습니다. 국민의 소리를 듣는 방법으로는 다음의 4가지가 있습니다. 신문, TV 등 언론 매체를 이용해 간접적으로 듣는 방법, 인터넷을 통해 쌍방향 대화를 하는 것, 사람들을 직접 만나서 듣거나 공청회 등 토론회를 열어서 여러 의견을 한꺼번에 듣는 방법, 그리고 마지막으로 여론 조사를 하는 방법이 있습니다. 이 4가지 방법은 각각 장·단점이 있으므로 잘 결합해서 사용해야 합니다.

언론 매체는 실제 국민들의 생각과 정서가 제대로 반영되지 않는다는 문제가 있습니다. 이를 보완하기 위해 직접 만나서 이야기를 듣기도 합니다. 최근에는 인터넷을 통해 현장감을 보완하기도 하지요. 그러나 이러한 방법들은 대상과 시간에서 한계에 부딪칠 수밖에 없습니다. 과연 그 의견이 전체 국민의 생각이라 할 수 있을까 하는 겁니다. 이를 해결하기 위한 방법으로 여론 조사가 있습니다. 이는 지역, 세대,

성 등을 감안한 표본을 추출해 조사를 하는 것입니다.

물론 이 경우에도 질문을 어떻게 구성하는가, 직접 만나서 하는가, 전화로 하는가 아니면 ARS 조사를 하는가에 따라 결과가 달라질 수 있지만 국민의 대체적인 생각을 파악할 수 있습니다. 그래서 청와대나 정부, 그리고 여야당 등 정책을 결정하는 주요 기관들에서는 정기적으로 여론 조사를 할 뿐 아니라 쟁점이 되는 사안에 대해서는 표적집단면접법(focus group interview)이라는 집중 조사까지 함으로써 최대한 국민의 뜻을 잘 반영하는 정책을 만들려고 노력하고 있습니다.

위에서 국민의 소리를 잘 듣기 위한 여러 가지 방법들에 대해 알아봤지만 가장 중요한 것은 방법이 아니라 마음과 자세라는 점을 다시 한 번 강조해야 되겠습니다. 국민의 소리를 듣는 방법이 아무리 발전한다 한들 국민의 소리를 받아들이겠다는 자세가 없다면 무슨 소용이 있겠습니까. '무식한 국민이 뭘 알겠어. 내가 결정하면 따라오면 되지' 하는 마음으로는 아무리 여론 조사를 많이 하고 홈페이지를 세련되게 운영해도 국민과 동떨어진 '자기만의 정치'에 빠질 것입니다. 정치 지도자들에게 진정으로 겸손한 마음과 열린 자세가 요구되는 것도 이와 같은 이유 때문입니다.

관용이 필요해

민주주의는 이해와 존중의 정치입니다. 생각이나 이해관계가 다른 집단이라도 그들을 이해하고 존중하는 관용이 없으면 민주 정치는 불가능합니다.

관용과 존중은 다수결의 원리와 소수자 존중이라는 민주주의의 핵심적 운영 원리와 직결되어 있습니다. 다수결의 원리에 따라 작동되는 민주주의에는 늘 소수파의 문제가 제기됩니다. 단순히 다수가 지지한다 해서 소수의 의견을 무시하는 것이 과연 옳은 것이냐 하는 문제이지요. 또 형식적으로는 다수지만 실제로는 다수가 아닌 경우도 있을 수 있습니다. 바로 이런 경우입니다.

학생 수가 40명인 학급에서 반장 선거를 하는데 이런저런 이유로 8명이 투표에 참여하지 못했다고 합시다. 그러면 투표율이 80%로 32명이 투표하게 되는 거지요. 여기서 과반수인 17명이 철수를 지지하고 15명이 영희를 지지했다고 칩시다. 이 경우 철수는 분명 80% 투표율에 과반수 득표로 다수결 원리에 입각해 반장이 된 것이지만, 사실은 40명 학생 중 절반이 안 되는 17명의 지지밖에 받지 못한 셈이니 다수의 지지를 받은 것은 아니라고 할 수도 있습니다. 형식상으로는 다수결이지만 실제로는 다수가 아닌 경우가 발생하는 거지요.

한편 17명의 지지를 받은 철수가 반장이 되었으므로 영희를 지지한 15명의 표는 완전히 무시되었습니다. '죽은 표'(死票)가 되고 마는 것이지요. 만약 철수가 15명의 지지를 받은 영희를 부반장으로 임명해 모든 일을 의논해 처리하면 영희를 지지했던 학생들이 무시당하지는 않겠지요. 그러나 현실적으로 이런 일은 거의 없습니다. 선거에 지면 그걸로 끝이지요, 그래서 다수결 제도에는 대표성과 소수의 문제가 제기되는 겁니다.

이런 문제를 보완하기 위해 많은 나라에서 결선 투표제를 시행하고 있습니다. 결선 투표제는 대통령 선거에서 누구도 과반수의 지지를 얻지 못했을 경우 1, 2위 득표자만을 대상으로 한 번 더 투표를 해 최종

 이렇게 되면 절반도 안 되는 지지로 전체를 대표하는 데서 오는 대표성의 문제를 어느 정도는 해결할 수 있게 됩니다. 또 의원 내각제를 채택한 나라들에서는 여러 정치 세력이 국민의 지지를 받은 만큼 권력을 나누어 행사하는 연합 정부나 연립 정부를 운영합니다. 이렇게 하면 다수 의견과 소수 의견 모두가 어떤 형태로든 정책에 반영될 수 있겠지요.

위에서 보듯이 민주주의에서 다수결은 가장 중요한 운영 원리이지만 동시에 소수파를 어떻게 관리할 것인가라는 매우 어렵고도 중요한 문제를 안고 있습니다. 이 문제에 대한 민주주의의 해답이 바로 소수파에 대한 존중과 관용입니다. 소수파에 대한 존중이 전제되지 않은 다수결은 어떤 소수파도 진정으로 인정하지 않습니다.

다수결과 다수의 횡포

서로 입장이 다를 때 무작정 "야, 표결해. 다수결로 해!"라고 말하는 것은 소수파를 수로 밀어붙이려고 하는 것입니다. 이런 건 민주주의가 아닙니다. 형식은 다수결일지 몰라도 진정한 다수결은 아닙니다. 오히려 '다수의 횡포'라고 할 수 있습니다.

다수의 횡포와 다수결의 원리를 분명하게 구분하기는 현실적으로 매우 어렵습니다. 학급 40명 학생들 중 21명은 축구를 하자고 하고 19명은 음악 감상을 하자고 했습니다. 다수결로 하면 축구를 해야겠지요. 그런데 이때 음악 감상을 하자는 소수파 중에 다리를 다쳐 운동하기 어려운 친구가 있다면 어떻게 해야 할까요. 그래도 어쨌든 다수결로 결정됐으니 축구를 하자고 밀어붙인다면 이것은 다수의 횡포가 될 가능성이 높습니다. 비록 다수가 축구를 원했지만 소수의 입장과 사정을 감안해 운동이 어려운 친구를 빼준다거나 축구와 음악 감상을 나눠 한다면 소수자를 존중하면서 다수자의 권리도 살리는 현명한 학급 운영이 될 것입니다.

이렇듯 다수결의 원리는 어떻게 운영하느냐에 따라 민주주의가 되기도 하고 다수의 횡포가 되기도 합니다. 한 사회의 민주주의의 성숙 정도는 결국 운영하는 사람들이 얼마나 민주적이고 성숙한 시민 의식을 가지고 있느냐에 따라 결정이 됩니다.

국회에서는 여당과 야당이 법안이나 정책을 둘러싸고 밀고 당기는 협상을 합니다. 때로는 이 과정에서 야합을 하기도 하지만 여야가 상대를 설득하고 끌어들이고 타협하는 것은 꼭 필요한 것입니다. 그것이 민주주의 정치지요. 이런 정치 과정을 모두 무시하고 무조건 투표해서 다수결로 처리하자고 하면 정치는 존재할 수가 없습니다. 수(數)만 존재하는 거죠. 민주주의는 국민과 동떨어진 어떤 정치적 구조물이 아닙니다. 우리들 한 사람 한 사람의 민주적 역량과 성숙 정도에 따라 수준이 결정되는 살아 있는 생물과 같은 것입니다.

국회의원을 뽑아야만 민주주의가 이뤄지나요?

고대 그리스 도시 국가에서 처음 민주주의가 시작됐을 때는 모든 유권자가 아크로폴리스 광장에 모여 토론하고 결정하고 집행했단다. 말 그대로 직접 민주주의를 했던 거야. 이것이 가능했던 이유는 당시 발언권과 투표권을 가졌던 시민이 대략 육천명에서 만 명 정도에 불과했기 때문이란다. 이들은 모두 한자리에 모여 토론하고 투표를 했지.

그런데 그후 국가가 커짐에 따라 인구가 증가하고 영토가 넓어져 이전처럼 모든 시민이 한자리에 모여 토론하고 결정하는 직접 민주주의는 기술적으로 불가능해지고 말았단다. 때문에 어쩔 수 없이 간접 민주주의, 즉 마을 단위로 대표를 뽑는 대의 제도를 실시하게 되었던 거야. 그러니까 국회의원을 뽑는 것은 직접 민주주의가 어렵기 때문에 채택한 차선책이지 결코 그 제도가 가장 좋아서 그런 것은 아니란다.

그런데 최근 정보 통신 기술이 획기적으로 발전함에 따라 직접 민주주의를 어렵게 했던 시간과 공간적인 장애들이 기술적으로 해결되기 시작했어. 오프라인 공간에서는 한꺼번에 모여 토론할 수 없지만 온라인 공간에서는 가능하게 되었지. 이런 기술을 잘 활용해 직접 민주주의의 장점들을 살려보자는 움직임도 활발하게 일어나고 있고. 이것을 'e–민주주의'라고 불러. 우리 시민이 직접 민주주의의 주체로 성큼성큼 다가가고 있는 거란다.

민주주의의 성숙은 사회적 관용의 정도에 따라 결정된단다. 소수자에 대해 관용적이지 않은 사회가 성숙한 민주주의를 구현하기는 어렵단다.

여성, 아동, 장애인, 노인, 외국인, 트랜스젠더 같은 사회적 소수자는 어느 사회나 보편적으로 존재한단다. 여성처럼 수적으로는 소수자가 아닌데도 사회적 힘이 약한 경우도 있어.

사회적 소수자 문제는 그 기준을 어디에 둘 것인가가 중요하단다. 기준점을 사회적 다수자에 둘 경우 사회적 소수자는 관리되고 처리되어야 할 '문제'로 전락한단다. 이런 관점에서 보면 장애인은 '정상인이 아닌 사람'으로 규정된단다. 정상인이 아니니까 관리되어야 하는 거지.

그러나 관점을 바꾸면 오히려 사회적 소수자가 주인이고 사회적 다수자는 그 주인에 편승하는 존재가 된단다. 장애인도 '장애인이 아닌 사람'으로 규정되는 거고. 사실 누구나 잠재적인 장애인이므로 장애인은 특별한 관리 대상일 필요가 없어. 그냥 똑같이 대하면 되는 거야. 사회적 소수자가 주인 노릇을 하는 사회라면 아마도 머릿수만 믿고 일방적으로 밀어붙이는 다수파의 횡포는 없지 않겠니? 사회적 소수자가 주도하는 사회는 '같음' 못지않게 '다름'을 존중하고, 다수와 소수가 동시에 존중받는 성숙한 사회란다. 관용은 다른 사람에 대한 이해와 존중 없이는 가능하지 않지. 인간을 두루 널리 사랑하지 않고는 실천할 수 없는 게 관용이야. 이 점에서 관용은 우리 나라의 건국 이념인 홍익인간과 그 정신을 같이 하고 있고, 시민 혁명의 3대 정신인 자유, 평등, 박애와도 맞닿아 있단다. 기독교의 사랑, 불교의 자비, 유교의 인(仁)과 같은 인류 보편의 가치도 마찬가지고. 민주주의가 보편적 가치인 이유가 바로 여기에 있단다.

  민주주의는 민주적 시민들에 의해 운영될 때 발전한단다. 그렇기 때문에 민주주의의 지속적 발전을 위해서는 시민들의 민주 역량이 매우 중요해. 민주적 시민이 되기 위해서는 모든 일에 개방적이어야 하고 동시에 겸손해야 하지. '내가 절대적으로 옳다'는 독선과 아집은 민주주의에 가장 위험한 태도란다. '나도 틀릴 수 있다', '다른 사람이 나보다 더 좋은 생각을 할 수 있다'는 겸손한 자세가 있어야 자유로운 토론이 가능하고 공동체의 결정에 승복할 수 있으니까 말이야.

  또한 모든 사람, 모든 일에 대해 개방적이고 관용적이어야 차이를 차이로 이해하고 차별하지 않을 수 있단다. 차이를 인정해야 토론이 가능하고 그래야만 소수를 존중하면서 다수의 합의와 동의에 따른 민주적 결정이 가능해지는 것 아니겠니.

  민주적 과정에 책임 있게 참여하는 책임성과 참여 정신도 중요해. 민주주의는 공동체 모두의 것이므로 구성원 모두가 자발적으로 참여해야 해. 그래서 모두가 공동체의 결정을 책임 있게 지켜내야 하는 거야. 민주주의 사회에서는 모두가 주인이고 누구도 방관자가 될 수 없는 것이야.

기본권이 뭐예요?

많은 독재자들은 "기본권이 밥 먹여주냐." "자유가 밥 먹여주냐"면서 독재를 정당화하고 민주주의를 탄압했습니다. 이에 대해 민주주의를 옹호하는 사람들은 "빵만으로 살 수 없다." "배부른 돼지로 사느니 배고픈 소크라테스로 살겠다"고 하면서 민주주의와 자유의 소중함을 주장했습니다.

기본권이 뭐예요?

종교, 양심, 사상, 출판, 신체, 언론의 자유 등 기본권은 인류 발전의 출발점입니다. 19세기 영국의 자유주의자였던 존 스튜어트 밀(John Stuart Mill, 1806~1873)은 자유로운 토론만이 인간의 불완전성을 극복할 수 있는 유일한 출구라고 보았습니다. 자유로운 영혼, 자유로운 생각과 사상을 가진 사람들 간의 토론과 상호 비판만이 인간 진보를 실현할 수 있다고 본 거지요. 역으로 말하면 사상의 자유, 출판의 자유, 종교의 자유를 막는 사회는 발전할 수 없다는 뜻이기도 합니다. 존 스튜어트 밀의 이 같은 주장대로 기본권을 제약했던 수많은 독재 정권들은 사회를 퇴보시키고 결국에는 불행한 종말을 맞았습니다.

"기본권이 밥 먹여 주나"

많은 독재자들은 "기본권이 밥 먹여주냐." "자유가 밥 먹여 주냐"면서 독재를 정당화하고 민주주의를 박해했습니다. 이에 대해 민주주의를 옹호하는 사람들은 "빵만으로 살 수 없다." "배부른 돼지로 사느니 배고픈 소크라테스로 살겠다"고 하면서 민주주의와 자유의 소중함을 주장했습니다. 그런데 독재 정권과 민주주의 간의 이런 공방을 보면 왠지 민주주의와 자유는 먹고사는 문제와 별개인 것처럼 들립니다. 그러나 과연 그럴까요?

인간의 역사는 전혀 그렇지 않다고 얘기합니다. 인간의 생산 능력을 획기적으로 발전시킨 16~17세기 과학 혁명과 17~18세기 산업 혁명은 인간의 자유로운 사상 때문에 가능했습니다.

민주주의가 성숙되지 않은 나라 중에 선진국으로 발전한 나라가 과연 한 군데라도 있습니까? 프랑스, 영국, 미국 등 민주주의가 성숙한 나라들은 세계 경제를 주도하고 있으며 또한 국민의 기본권 보장을 소홀히 하지 않습니다. 민주주의 발전과 기본권의 실현은 경제 발전의 전제 조건이라 할 수 있습니다.

우리 역사를 해석함에 있어서도 '1970년대는 산업화 시대, 1980년대는 민주화 시대, 1990년대는 정보화 시대' 라는 식으로 볼 것이 아니라 '1970~80년대 민주화 운동을 통한 기본권 쟁취가 있었기 때문에 21세기 정보화 시대에도 앞서 나갈 수 있게 되었다' 고 하는 것이 정확할 것입니다.

인간의 기본권은 자유권, 평등권, 사회권, 청구권, 참정권으로 구성됩니다.

자유권

이처럼 자유권에는 우리가 자유롭게 살아가는 데 꼭 필요한 기본적 권리들이 담겨져 있습니다. 지금은 우리에게 너무나 익숙한, 마치 물이나 공기 같은 권리들이지만, 어느 것 하나 그냥 주어진 것이 없습니다. 이들 자유권 하나 하나에는 인간 진보를 향한 노력과 희생이 담겨져 있습니다.

사상과 양심의 자유는 자유권 중에서도 가장 중요하고 기본적인 권리입니다. 사상의 자유는 "인간의 정신은 어떤 경우에도 가둘 수 없다"는 정신 해방 선언입니다. 파스칼의 말대로 인간은 "생각하는 갈대"입니다. 인간은 갈대처럼 연약하지만 생각할 수 있기 때문에 만물의 영장이 되었습니다. 그러므로 만약 어떤 권력이 인간의 생각에 제한을 가한다면, 그것은 곧 인간의 인간됨을 억압하는 것과 같은 것입니다. 생각할 자유, 상상할 자유 곧 사상의 자유는 언제 어떤 상황에서도 제한되어서는 안 됩니다. 사상의 자유는 인간이 인간일 수 있는 가장 기본적인 조건이기 때문입니다.

또한 사상의 자유는 언론, 출판, 집회, 결사의 자유를 필요로 합니다. 생각할 수는 있으나 그것을 표현하고 전달하지 못한다면 반쪽짜리 자유에 불과하게 됩니다. 사상의 자유는 그것을 표현하고, 전파하고, 집단적으로 행동할 수 있을 때 진정으로 구현되는 것입니다. 다만 모든 사회는 사상의 표현에 최소한의 제한을 둡니다. 인류의 보편적 가치를 부정하는 행동, 공동체가 심각하게 위협을 받을 수 있는 행동에 대해서는 제한을 가하고 있는 거지요. 예컨대 독일에서는 나치즘 운동을 금지하고 있습니다. 반인류적 범죄 행위였기 때문이죠. 또 대부분 국가에서는 마약 사용을 금하고 있습니다. 마약은 인류의 적이기 때문입니다. 같은 맥락에서 인종 차별, 성 차별주의 같은 생각과 행동을 엄격하게 금지하고 있습니다. 사상의 자유를 실현하는 언론, 출판, 집회, 결사의 자유는 어디까지나 인류 보편의 가치 틀 내에서 허용되는 것입니다.

지금은 너무나 당연하게 여겨지는 신체의 자유, 다시 말해 법에 의하지 아니하고는 죽거나 구금 당하지 않을 자유는 근대 시민 혁명 이후에 확립된 것입니다. 그러나 근대 사회가 성립된 이후로도 한참 동안 신체의 자유는 많은 나라에서 지켜지지 않았습니다.

독재 국가들은 신체의 자유를 무시했습니다. 법에 의하지 않고, 영장도 없이 사람들을 체포하고 고문하고 죽였습니다. 우리 나라에서도 1980년대까지 그런 일들이 일어났습니다. 중앙정보부에 끌려가 죽은 교수도 있고 등산 갔다 의문의 추락사를 당한 야당 지도자도 있었습니다. 민주화 운동을 한 많은 대학생들이 강제로 군에 징집당했다가 이유가 밝혀지지 않은 죽음, 즉 '의문사'를 당했습니다. 1987년 6월 민주 항쟁은 대학생이었던 박종철 군이 경찰에 잡혀가 물고문을 받아 죽은 사건이 기폭제였습니다. 법을 위반하지도 않았는데 정보 기관에 끌려가 불법으로 구금당하고 고문받고 죽기까지 한다면, 과연 그런 사회에서 편안하고 행복하게 살 수 있을까요. 아마도 불안과 공포 때문에 단 하루도 편하게 지낼 수 없을 겁니다. 신체의 자유는 이렇듯 우리가 생활하는 데 있어 핵심적인 조건이지만 불과 20년 전까지만 해도 그렇지 않았다는 사실을 잊지 말아야겠습니다.

거주 이전의 자유 또한 근대 사회로 들어오면서 정착된 기본권입니다. 전근대 사회에서는 대부분의 사람들이 농업에 종사하였습니다. '농자천하지대본(農者天下之大本)'이란 말도 있듯이 농업은 백성들의 삶은 물론이고 국가 재정의 기초이기도 했습니다. 국가는 세금의 원천인 농업을 엄격하게 감시했습니다. 가장 효과적인 감시 방법은 농민이 한곳에 정착하도록 하는 것이었습니다. 다른 곳으로 이사를 가면 그만큼 세금이 줄어들기 때문이지요. 지금도 시골의 할머니 중에는 평생 서울은커녕 가까운 지방 소도시도 가보지 못한 분들이 계십니다. 자라 온 곳에서 결혼하고 농사일로 평생을 지내다 늙어 죽는 것입니다. 거주 이전의 자유는 봉건 시대에는 절대로 인정될 수 없었습니다.

이와 함께 크게 제약받은 자유가 바로 직업 선택의 자유였습니다. 봉건 시대에 농민의 자식들은 무조건 농사일을 해야 했습니다. 아무나 성직자나 관료가 될 수는 없었습니다. 신분 상승의 통로였던 과거 시험도 대다수의 평민들에게는 기회조차 주어지질 않았지요. 지금 여러분이 한곳에서만 살고, 직업을 선택하는 데 자유가 없다면 열심히 공부할 필요가 없을지도 모릅니다.

종교의 자유는 말 그대로 종교를 믿거나 믿지 않을 자유, 더 나아가 어떠한 종교라도 선택해서 믿을 수 있는 자유를 말합니다. 지금은 지구상의 거의 모든 나라가 종교의 자유를 보장하고 있습니다. 종교 자유의 역사는 피의 역사입니다. 역사상 수많은 전쟁과 학살이 종교의 이름으로 행해졌습니다. 많은 신을 섬기던 다신교 국가였던 로마 제국은 유일신교인 기독교를 박해했습니다. 수많은 박해와 희생 끝에 마침내 기독교를 국교로 받아들인 후에는 기독교 이외의 모든 종교를 적대시했습니다. 기독교와 이슬람교의 천년에 걸친 전쟁이 시작된 것입니다.

당시의 기독교인 가톨릭(천주교)은 수많은 사람들을 이단자, 마녀로 규정해 고문하고 화형에 처했습니다. 그 고문이 얼마나 무섭고 고통스러웠던지 누구든 일단 교회에 의해 고발되어 종교재판소로 끌려나오면, 고문을 피하기 위해 스스로 이단임을 자백하고 화형 당하는 길을 택했을 정도였습니다.

종교 개혁을 거치면서 가톨릭과 개신교로 나뉜 기독교는 17세기 이후 전 세계적으로 진행된 식민지 쟁탈전의 선두에 섭니다. 수많은 신부와 목사들이 아시아로 아프리카로 떠났고, 그곳에서 기존의 종교나 이데올로기와 싸우기도 하고 타협하기도 하면서 정착했습니다. 이 과정에서 많은 기독교인들이 탄압을 받았습니다. 일본의 도쿠가와 막부는 천주교도들을 색출하기 위해 길바닥에 예수의 그림과 십자가를 그려놓고 사람들로 하여금 그 위를 걸어가게 했습니다. 천주교도들이라면 예수를 밟고 십자가를 욕보이느니 차라리 죽음을 택할 거라는 생각에서였지요. 도쿠가와 막부의 계산대로 많은 일본인들이 자신의 신앙을 고백하고 순교했습니다.

우리 나라에서도 이와 유사한 사례들이 많이 있었습니다. 정부가 천주교도 체포령을 내리자 제 발로 관청을 찾아가 자신이 천주교 신자임을 당당하게 밝히고 "하나님을 믿는 것이 왜 도망갈 일인가, 도망가느니 차라리 죽음을 택하겠다"고 하면서 순교한 사람들도 있었습니다. 특히 순교한 이승훈, 정약종처럼 초기 천주교를 주도했던 사람들이 권력 투쟁에서 밀려난 남인 실학파 개혁가들이었다는 점에서도 알 수 있듯이 우리 나라에서는 매우 힘 있고 주체적인 종교 운동으로 전개되었습니다. 종교의 자유를 향한 투쟁사에서 우리 나라도 중요한 지위를 점하고 있는 것입니다.

평등권

기본권의 두 번째 영역은 평등권입니다. 이것은 한마디로 '모든 국민은 법 앞에 평등하다. 그 누구도 피부색, 성별, 종교, 직업 등에 의해 차별받지 않는다'는 것입니다. 다 같은 인간인 이상 누가 누구를 차별한다는 것은 있을 수 없는 일이지요, 그런데 이 점이 왜 그렇게 강조될까요. 그것은 역사적으로 무수히 많은 차별이 있어 왔고, 앞으로도 있을 수 있기 때문입니다. 여러분은 다음과 같은 말들을 일상생활에서나 TV 드라마 같은 데서 많이 들어봤을 겁니다.

"여자가 뭘 알아?"

"공부 못하면 저 아저씨처럼 길거리에서 구걸하게 돼"

이런 이야기들이 바로 평등권을 부정하는 차별입니다. 이러한 차별은 그 사람의 기본권을 짓밟는 반인간적 행위임과 동시에 자신의 기본권을 포기하는 어리석을 행동입니다. 누군가에게 차별을 하는 순간 자신도 누군가로부터 차별을 받을 수 있기 때문입니다.

차별은 우리 사회 곳곳에서 발견됩니다. 학교에서 장애인이라는 이유로 차별받는 것, 직장에서 여성이 차별받는 것, 외국인 노동자가 사회적으로 차별받는 것 등이 그렇습니다. 외모나 태도 등을 꼬투리 잡아 여럿이 한 사람을 따돌리는 '왕따'야말로 학교에서 일어나는 차별의 대표적 사례입니다. 차별은 하는 사람이나 받는 사람 모두의 인격을 파괴하는 무서운 범죄 행위입니다. 차이는 차이일 뿐 어떤 경우에도 차별의 이유가 되어서는 안 됩니다.

만약 우리들 사이에 차이가 없다면 어떻게 될까요. 생긴 것도 같고 생각도 감성도 같다면 참으로 재미도 없고 변화도 없고 발전도 없는 권태로운 생활이 될 것입니다.

생태 환경의 보존에 생물의 다양성이 중요하듯이 인간 사회의 발전에도 인간 다양성이 결정적으로 중요합니다. 차이는 발전의 원동력인 것입니다. 그러므로 평등권을 잘 보장하는 사회가 발전 잠재력이 큰 사회입니다. 다양성과 개성과 차이를 존중하고 권장하는 사회라면 평등권이 부정되는 일은 없을 것입니다.

사회권

사회권은 인간다운 생활을 할 권리를 말합니다. '행복권' 이라고도 하지요. 인간은 어떤 경우에도 존엄성을 지킬 수 있는 최소한의 생활을 누릴 권리가 있다는 뜻입니다. 이 원리에 따르면 아무 능력이 없는 사람에게도 국가는 최저 생활을 보장할 의무가 있습니다.

사회권에는 일할 능력과 의지를 가진 사람에게는 일할 기회가 보장되어야 한다는 근로권, 교육을 받을 수 있는 교육권, 그리고 쾌적한 환경에서 생활할 수 있는 환경권 등이 있습니다.

사실 사회권은 옛날에는 꿈도 꾸지 못할 사치스런 권리였습니다. "세 끼 밥 먹는 것만 해도 감지덕진데, 교육권에 환경권이라니요?" 그러나 현대로 오면서 각국은 이 교육권과 환경권을 더욱 강화하고 있습니다. 국민이 행복하게 살도록 하는 것이 국가의 가장 큰 의무이니만큼 사회권을 강화하는 것은 너무도 당연한 일이겠지요.

먼저 여러분들과 관련이 있는 교육권부터 설명을 하겠습니다.

교육권은 현대 사회에서 지속적으로 확대되고 있는 기본권입니다. 사실 옛날에는 교육이 생활에 꼭 필요한 것이 아니었습니다. 대부분의 사람들이 글을 읽을 줄 몰랐어요. 한 마을에 한두 사람 정도가 글을 쓰고 읽을 줄 알았지요. 그래서 편지를 쓰거나 읽을 때는 그 사람에게 부탁을 했지요.

옛날부터 마을 서당에서 천자문을 가르치는 등 기초적인 교육을 시키기는 했지만, 이 또한 극소수의 사람들에게 해당됐고 대다수는 글을 모르는 문맹(文盲)이었습니다. 그러다가 20세기에 들어오면서 근대식 학교가 하나둘씩 문을 열기 시작했지요. 외국인 선교사나 교육으로 나라를 일으켜야겠다고 생각한 계몽주의자들이 설립한 학교들은 일제시대 내내 민족 정신을 함양하고 독립 의지를 되살리는 요람이었습니다. 그러나 이때도 교육은 여전히 소수의 특권층에게만 허용된 일종의 '사치' 였습니다.

우리 나라에서 일반 국민들에게 교육권이 구체적으로 의미를 갖게 된 것은 1948년 정부 수립 이후부터였습니다. 전국에 초등학교가 세워졌고 국민이면 누구나 의무적으로 다니게 되었습니다. 중·고등학교도 많이 세워졌습니다. 교육 입국, 즉 교육을 통해 나라를 건설하자는 구호 아래 많은 사람들이 교육에 투신하였던 것입니다.

이렇게 시작된 교육권은 지금은 중학교까지 9년제 의무 교육으로 확대되었습니다. 대한민국 국민이라면 누구든 최소한 9년간의 교육을 받을 권리가 있는 것입니다. 학생 총수가 2명인데 선생님이 3명인, 외딴 섬의 학교 이야기를 들어보셨을 겁니다. 30~40명의 학급에 한 분의 선생님이 계시는 보통 초등학교를 생각하면 언뜻 이해가 되지 않지요. 무슨 특별 대우를 받는 학생들처럼 보이기도 하고요. 그러나 그렇지 않습니다. 그곳의 학생도 대한민국 국민이기 때문에 국가는 9년간의 교육을 제공할 책임이 있는 겁니다.

교육권은 21세기 정보화 시대에는 더욱 중요한 기본권이 되었습니다. 정보화 시대 발전의 원동력은 지식·정보인데, 그 지식·정보를 체계적으로 가르치고 훈련시키는 것이 교육이니 교육이야말로 21세기의 발전 원동력인 것입니다. 대부분의 국가들이 바로 이 점을 중시하여 의무 교육을 확대하고 전 국민을 대상으로 하는 평생 교육 체계를 구축하고 있습니다. 특히 청소년 여러분은 배울 수 있는 권리와 열심히 배워야 하는 의무를 가지고 있습니다. 기본권인 교육권과 교육의 의무를 동시에 감당해야 하는 위치에 있는 것입니다. 여러분들이 공부하는 것이 국가적으로나 사회적으로 그만큼 중요한 것입니다. ‘시키니까 억지로 하는 공부’가 아니라 여러분의 당당한 권리로서의 공부, 책임으로서의 공부를 주인 의식을 가지고 해가는 것이 필요합니다.

교육을 의무로만 생각할 것이 아니라 내가 행사할 수 있는 가장 소중한 권리라고 생각하고 더욱 적극적으로 행사를 해야 합니다.

근로권을 살펴볼까요.

대부분의 국가들은 근로권을 보장하기 위해 〈근로기준법〉 등 근로 관계 법들을 만들어 놓았습니다. 단결권, 단체 교섭권, 단체 행동권의 노동 삼권이 그 핵심 내용입니다.

단결권은 노동자들이 자신들의 이익을 위해 노동조합 등의 조직을 구성할 수 있는 권리고, 단체 교섭권은 노동조합 등의 대표 기구가 노동자들을 대신해 임금, 근로 조건 등을 교섭, 협상할 수 있는 권리지요. 개별 노동자의 교섭력보다는 노동조합 같은 대표 기구의 교섭력이 더 크다고 생각되기 때문이지요. 마지막으로 단체 행동권이 있는데, 이것은 파업, 태업, 집회, 시위 등의 집단 행동을 할 수 있는 권리를 말합니다.

이 세 권리는 노동자들의 근로권 보장을 위해 꼭 필요한 권리입니다. 이중 하나라도 없으면 나머지 권리 행사가 어렵게 되기 때문이지요.

선진국에서도 파업 같은 단체 행동이 자주 발생합니다. 노동자가 있는 곳이면 어디든 발생할 수밖에 없는 것이 단체 행동이니 너무도 당연한 일이겠지요. 그런데 이러한 단체 행동에 대해 선진국 국민들은 대체로 '뭔가 이유가 있으니까 단체 행동을 하겠지', '불편해도 내가 참아야지. 나도 언제 단체 행동을 할지 모르잖아' 하고 침착하고 대범

하게 반응합니다. 감정적으로 흥분하거나 공익을 앞세워 파업을 비난하지 않습니다. 시민의 성숙함을 가지고 있는 것입니다.

환경권은 극히 최근에야 기본권이 되었습니다. 다시 말해 환경이 인간 생존과 존엄성 실현에 필수적인 요소라는 사실이 최근에서야 인식되고 인정받게 되었다는 뜻입니다. 환경을 생각할 때 우리는 생각의 시간 단위를 다르게 설정할 필요가 있습니다. 예컨대 1회용 도시락 통이 자연으로 돌아가 분해되는 데는 500년의 시간이 걸린다는 식으로 말이죠. 환경은 웬만한 파괴에도 굴복하지 않고 스스로 복구하고 회복하지만 어느 지점을 지나면 회복이 불가능하거나 설사 회복된다 하더라도 수백 수천 배의 시간과 비용이 듭니다. 그래서 우리는 환경이 스스로 회복 가능한 범위 내에서만 환경을 이용해야 합니다. 이것을 '생태친화적인 지속 가능한 발전'이라고 부릅니다.

원래 '지속 가능한 발전'이란 말은 독일의 한 산림청장이 썼던 말입니다. 매년 전체 숲이 유지되는 범위 내에서, 즉 새로운 나무가 자라나 일정한 양만큼 베어내도 전체 숲에는 아무런 영향을 주지 않는 범위 내에서 벌목할 나무의 양을 정하면서 쓴 것입니다. 만약 그 범위를 넘어서면 새로 자라는 나무들보다 벌목으로 없어지는 나무가 많아져 결국엔 숲이 없어지게 되는 거죠. 이러한 '지속 가능한 발전'을 지키는 것은 당장의 우리들에게도 매우 중요한 환경권이지만 사실은 우리의 후손들, 즉 미래 세대에게 결정적으로 중요한 것입니다.

 미래 세대가 쓸 환경을 우리가 먼저 가져다 쓰는 것이죠. 그러므로 환경을 아끼고 잘 관리해 더 좋은 환경으로 보전해 물려주는 것은 우리 세대가 후손인 미래 세대에게 해야 할 가장 중요한 의무이자 책임이라고 할 수 있습니다. 사회권이 가장 적극적인 기본권이고 그중에서도 환경권이 더욱 적극적인 기본권인 이유는 환경권이 우리 세대만이 아니라 미래 세대의 기본권과도 직결된 문제이기 때문입니다.

청구권

청구권은 국민이 어떤 법을 만들고 싶을 때 국회와 정부에 이를 요구하는 '청원권'과 공정하게 재판을 받을 수 있는 '재판 청구권'이 있습니다. 민주주의는 법에 의해 통치하는 정치 체제입니다. 따라서 민주주의 사회에서 법을 만들거나 고치는 일은 가장 중요한 정치 행위입니다. 그 법을 만들고 고치는 곳이 바로 입법부, 즉 국회입니다. 그러면 법은 어떤 과정을 거쳐 만들어질까요.

먼저 누군가가 새 법을 만들자거나 기존의 법률을 고치자고 제안합니다. 이 제안은 보통 국회의원들이 하거나 정부가 합니다. 국회의원들이 하면 '의원 입법', 정부가 제안하면 '정부 입법'이 되는 거죠. 제안된 법안은 관련 상임 위원회에서 검토를 하게 됩니다. 예컨대 음식물이나 병원 같은 국민의 보건 복지 문제와 관련된 법이라면 국회 보건복지 위원회에서 검토를 하게 되고 세금과 관련된 법안의 경우에는 국회 재정경제 위원회에서 검토를 하게 되죠.

상임 위원회에서는 여야 국회의원들이 제안된 법안에 대해 치열하게 찬반 토론을 합니다. 또 공청회를 열어 관련된 이익 단체나 전문가들의 의견도 듣고 정부 부처의 입장도 듣습니다. 이 과정에서 처음 제안된 법안이 고쳐지기도 하지요. 이렇게 해당 상임위를 거친 법안은 국회 법률사법 위원회로 갑니다. 여기서는 각 상임 위원회를 거친 법안들이 헌법이나 다른 법률과 배치되지는 않는지 등을 꼼꼼하게 검토합니다. 법률사법 위원회의 검토가 끝난 법안은 비로소 국회 본회의에 상정되고 국회의원들의 표결에 따라 다수결의 원칙에 의거해 처리됩니다. 이렇게 국회를 통과해야 법안은 비로소 강제력을 갖는 법률이 되는 것입니다.

청원권은 국회의원과 정부가 갖고 있는 법안 제출권을 국민이 행사할 수 있는 통로 역할을 합니다. 물론 이 경우에도 국회와 정부를 통해야 합니다. 그래서 국민이 직접 어떤 법안을 만들려면 국회의원이나 정당, 그리고 정부를 설득할 필요가 생깁니다. 이런 일을 주로 하는 사람들이 바로 '로비스트'입니다. 미국의 경우 수천 명의 로비스트들이 각종 이익 단체에 고용돼서 자신들의 이해관계를 반영하기 위해 국회의원들이나 정부를 상대로 합법적, 공개적으로 입법안이나 법률 개정안을 설명하고 홍보합니다.

때로는 법안뿐만 아니라 예산이나 정책에도 영향을 주기 위해 노력하죠. 이러다 보면 가끔은 과열 경쟁이나 편법으로 인한 부패 사건이 발생하기도 합니다. 우리 나라는 로비스트의 존재를 법적으로 인정하지 않습니다. 따라서 이익 단체들은 직접 국회의원이나 정부를 설득하려고 합니다. 그런데 이익 단체들은 자신의 이해관계만을 생각하기 때문에 이들을 견제하는 시민 단체들의 활동도 동시에 중요해졌습니다.

청원권은 기본권 중에서도 매우 적극적인 행동적 기본권입니다. 이 말은 내가 행동하지 않으면 나보다 더 행동적인 사람이나 집단에 의해 자신의 기본권이 결과적으로 위축될 수도 있다는 것을 뜻합니다. 우리가 시민 단체나 이익 단체들의 청원권 행사에 좀더 관심을 가져야 되는 이유도 여기에 있습니다.

재판 청구권 역시 매우 적극적인 행동적 기본권입니다. 옛말에 "재판 좋아하면 집안 망한다"는 말이 있습니다. 누가 "법대로 하자"고 하면 왠지 꽉 막힌 사람 취급을 당하기도 합니다. 다시 말해 우리 나라 사람들은 법과 원칙을 따져 행동하기보다는 '좋게좋게' 웬만하면 서로 한 발씩 물러서서 적당히 해결하는 것을 더 선호하는 것 같습니다. 이웃과 의좋게 지내는 데는 이런 태도가 도움이 될지 모르겠습니다. 그러나 공익을 해치는 일이 벌어지고 있는데도 '좋게좋게' 넘어가는 것은 결코 바람직한 태도가 아닙니다.

재판 청구권은 특히 국가나 행정 기관을 상대로 행사될 때 그 본연의 의미가 잘 드러납니다. 민주화 운동을 하다 정보 기관에 끌려가 고문으로 정신 이상자가 된 어떤 사람이 국가를 상대로 한 수년간의 재판 끝에 승소하여 배상받은 일이 있었습니다. 이 재판은 그 시민에게는 물질적 배상과 함께 명예 회복이라는 중요한 의미가 있었습니다. 동시에 어떤 경우에도 고문한 사람이나 기관은 처벌받는다는 사실을 일깨움으로써 결과적으로 국민 모두가 고문의 공포로부터 벗어나는 계기가 되기도 했습니다. 이렇듯 재판 청구권은 당사자뿐만 아니라 우리 국민 모두에게 그 파급 효과가 미치는 매우 적극적인 기본권인 것입니다.

참정권은 국민이 정치에 참여할 수 있는 권리입니다. 참정권은 대통령, 국회의원 등 국민의 대표를 뽑는 '선거권', 또 자신이 대통령이나 국회의원 등의 공직에 출마할 수 있는 '피선거권', 그리고 헌법을 고치거나 국가의 주요 정책을 결정하기 위해 실시하는 국민 투표에 참여할 수 있는 '국민 투표권'으로 구성됩니다.

권리가 있는 곳엔 책임이 따른다

권리가 있는 곳에는 책임과 의무가 있게 마련입니다. 권리가 크고 소중한 만큼 책임과 의무 또한 중요하고 무거운 것입니다. 국민이 지켜야 될 의무 중 대표적인 것으로 5대 의무를 들 수 있습니다. 국방의 의무, 납세의 의무, 교육의 의무, 근로의 의무 그리고 환경 보전의 의무가 그것입니다.

민주 국가는 국민이 이 5대 의무를 성실하게 잘 지키는 나라라고 보면 크게 틀리지 않습니다. 반면 후진국이나 독재 정부가 있는 나라일수록 5대 의무가 잘 지켜지지 않습니다. 의무가 잘 지켜지지 않는다는 것은 곧 누군가가 불법 또는 편법으로 자신의 책임을 남에게 미뤘다는 뜻입니다. 축구나 야구 같은 단체 경기에서 누군가가 자신의 책임을 다하지 않고 빈둥대거나 딴청을 피우면 어떻게 될까요. 그 팀은 분명히 경기에서 지고 말 것입니다.

누군가 자기 책임을 다하지 않으면 그 부담은 다른 모든 사람이 감당할 수밖에 없습니다. 이것은 사회적 형평성을 훼손하는 것일 뿐만 아니라, 그로 인해 신뢰의 위기를 가져오고 궁극적으로는 국가 경쟁력을 떨어뜨립니다.

'세금 제대로 내고 사업하는 사람 어디 있냐'는 말이 있을 정도로 전문직, 자영업자들의 세금은 불투명하게 처리되고 있습니다. 반면에 세금이 월급에서 '원천 징수'되는 봉급 생활자들은 '유리 지갑'이라고 불리기도 합니다. 그만큼 납세 의무의 형평성이 침해되고 있는 거죠. 그런가 하면 '환경 보존을 위한 정화 시설을 가동하느니 그냥 오폐수를 불법 무단 방류하다 재수 없이 걸리면 벌금 몇 푼 내면 된다'고 생각하는 기업주들도 있습니다. 비록 소수지만 이런 사람들이 있는 한 우리 나라는 선진국이 될 수는 없습니다.

나라를 지키는 국방의 의무, 나라 살림의 기틀이 되는 납세의 의무, 나라의 미래를 떠받칠 다음 세대를 위한 교육의 의무, 나라를 건강하고 활력 있게 만드는 근로의 의무, 나라의 환경을 깨끗하게 잘 보전해 미래 세대에게 전해주는 환경 보전의 의무 등은 국민 모두가 꼭 지켜야 할 의무입니다.

　그렇지는 않아. 민주주의 정치에서는 사실 시위를 장려한단다. 시위도 정치 참여의 한 형식이라고 생각하기 때문이지. 다만 투표 같은 참여 방식과 달리 시위는 다른 사람들의 생활에 지장을 줄 수 있단다. 교통을 방해한다든지 지나친 소음으로 이웃사람들에게 피해를 줄 수 있는 거야. 또 공공 기관에서의 지나친 시위로 행정이 마비될 수도 있고 여러 사람이 집단으로 시위하다 보면 다칠 수도 있기 때문에 적절한 수준에서 통제를 하는 거란다. 현재 시위는 관련 법률(집회 및 시위에 관한 법)에 따라 사전에 신고하도록 되어 있단다. 경찰이 합당한 이유로 불허하는 경우가 아니면 누구나 합법적으로 시위를 할 수 있단다.

　옛날 독재 정권 시절에는 시위 한번 하기 위해서도 목숨을 걸어야 했단다. 유신 독재 시절에는 경찰이 교정에까지 들어와 학생들을 감시했기 때문에 시위를 시작도 못하고 잡혀가는 경우가 많았단다. 그러다 보니 점점 더 극단적인 시위 방법이 나타나게 되었어. 건물 옥상에서 줄에 몸을 묶은 채 내려와 공중에서 시위를 하기도 했고. 또 어떤 대학생은 교정에 있는 큰 나무 꼭대기로 기어올라가 시위를 선도하기도 했단다. 그래 봤자 형사들이 끌어내리기까지 그저 20~30초밖에 안 걸렸지만 말이야.

　집회, 시위의 자유는 민주주의의 기본권이란다. 양심, 사상의 자유가 기본권으로 인정된다면 그것을 표현하는 집회, 시위, 출판, 언론의 자유 또한 인정되어야 완전한 기본권이 된다는 생각에서란다. 그러므로 시위는 타인에게 심각한 손해를 끼칠 위험성이 없는 한 허용되어야 하는 거란다. 그것이 민주주의 정신이야.

　시위 중에서도 가장 극단적인 것이 총파업인데, 총파업이 벌어지면 버스도 기차도 멈춰 버리고 은행도 문을 닫아버린단다. 사람들이 겪는 불편함은 이루 말할

수 없지. 중요한 약속을 못 지키고 하던 일도 중단해야 하니까. 그래서 때로는 파업하는 사람들을 공격하는 경우도 있단다. "왜 국민을 볼모로 파업을 하느냐, 너희들 때문에 우리 경제가 얼마나 타격을 받는지 아느냐" 하면서 말이야.

그러나 선진국 시민들의 반응은 다르단다. 시민도 언론도 차분하게 파업 사태를 지켜본단다. '저 사람들에게는 저렇게 행동할 권리가 있다'고 생각하는 거야. 또 '나도 필요하면 저 사람들과 똑같이 행동하지 않겠는가' 하고 생각하기도 한단다. 불편을 감수하면서 파업 문제가 원만하게 해결될 때까지 기다리는 거야. 집회, 시위와 파업 같은 집단 행동을 국민의 권리로 인정하는 것이지. 이렇게 다른 사람들의 행동을 존중해줄 수 있을 때 나의 권리도 존중받게 되지 않을까?

세금은 어디에 쓰나요?

세금을 걷는 곳은 세무서야. 그러나 한 해 동안 거둘 세금을 결정하는 곳은 국회란다. 국회는 매년 12월에 다음해 쓸 국가 예산을 결정한단다. 정부는 좀더 쓰겠다 하고 야당은 좀 덜 쓰라고 하면서 밀고 당기기를 한단다. 그 과정을 거쳐 예산이 최종 결정되면 그에 맞춰 국세청이 국민들로부터 세금을 거두는 거란다.

그렇다면 정부 예산은 어디에 쓰일까? 가장 많은 부분이 정부 공무원들의 월급으로 쓰일 거야. 그리고 비행기나 잠수함 같은 무기를 구입하는 데 쓰는 국방비, 학교를 운영하고 새로 짓는 데 들어가는 교육비, 의료비나 연금 같은 복지비 순으로 쓰인단다. 그것만이 아니야. 정부는 예산 중 일부를 과학 기술을 개발하는 연구개발투자에도 쓰고, 다리 놓고 길 닦는 사회 간접 자본 투자에도 쓴단다. 이렇게 쓰다 보면 정부는 늘 예산 부족을 호소하게 된단다.

우리 나라는 분단의 특수성 때문에 다른 나라에 비해 국방비를 특히 많이 써. 그러다 보니 복지비, 교육비 등에 쓸 돈이 충분치 못하단다. 선진국의 경우 예산의 40% 정도를 복지비에 쓰는 반면에 우리 나라는 10~15%에 불과해. 이렇다 보니 정부는 늘 예산 부족을 호소하는 거지.

일을 하려면 돈이 필요한데 그 돈의 결정권을 국회가 가지고 있으니 정부는 국회를 설득해야 되는 거야. 국회는 국회대로 피 같은 국민의 세금을 쓰는 것이니 두눈을 부릅뜨고 감시한단다.

예산 결산 심사를 두고 항상 여야 간에 치열한 공방이 벌어지는 이유가 여기에 있단다. 그러니까 우리도 국회에 대해 자꾸 싸우지 말라고만 할 게 아니고, 예산 문제를 다룰 때는 좀 제대로 다퉈라 하고 응원할 필요도 있는 거란다.

노블레스 오블리주가 뭔가요?

사회 지도층과 정치 지도자의 책임성과 헌신성을 노블레스 오블리주(noblesse oblige)라고 한단다. 프랑스 말인 '노블레스'는 '귀족'을 뜻하고 '오블리주'는 '의무'를 뜻한단다. 그러니까 '귀족의 의무', 즉 귀족은 귀족답게 행동해야 한다는 뜻이야.

영국의 명문 대학인 케임브리지 대학 정문에는 사람들의 이름이 적힌 동판이

있단다. 그 대학 재학생으로 1차 세계 대전과 2차 세계 대전에 나가 전사한 학생들의 이름을 전사 순서대로 새겨놓은 동판이란다. 이 동판의 앞 부분, 그러니까 먼저 전사한 학생들의 이름 앞에는 귀족 칭호인 'sir' 가 유난히 많이 붙어 있단다. 이런 것이 바로 영국 귀족의 노블레스 오블리주야. 전쟁과 같은 국난이 오면 영국 귀족들이 가장 먼저 전장으로 향했던 거란다. 그렇기 때문에 영국 귀족 사회는 시민 혁명기에도 살아남았고, 지금도 사회적으로 존경받으며 사회 지도층의 역할을 할 수 있는 거란다.

영국 귀족뿐만 아니라 영국, 스페인, 스웨덴, 덴마크, 태국 등의 왕실들은 국가가 어려움에 처했을 때 앞장서서 왕실로서의 의무, 귀족으로서의 의무를 감당함으로써 국민의 신뢰와 존경 그리고 사랑을 받을 수 있었던 거란다.

우리 나라도 이러한 노블레스 오블리주의 전통이 면면히 이어져 왔었지. 우리가 잘 알고 있는 화랑 관창처럼, 귀족의 자제들인 화랑이 보여준 헌신성과 책임성은 신라가 삼국을 통일하는 데 결정적인 힘이 되었단다. 조선 시대 최대의 국난이었던 임진왜란 때에는 곽재우, 고경명 등 의병장들이 일어났고 국권을 상실해가던 조선 말기에도 유인석 등 수많은 의병장들이 목숨을 던져가면서 나라를 지키기 위해 노력했단다. 이들 또한 대다수가 사림(士林), 즉 양반이었어. 우리 나라 사회 지도층도 다른 나라 못지않게 책임성이 강하고 헌신적이었던 거지.

그러나 해방 후 급속한 경제 성장 과정에서 이 아름다운 전통은 급격히 단절

되었단다. 시대에 걸맞는 가치관과 윤리를 내면화하지 못함으로써 책임성과 헌신성을 겸비한 사회 지도층과 정치 지도자를 많이 배출하지 못했단다. 그 결과 노블레스 오블리주는 남의 나라 얘기처럼 돼버리고 우리는 존경할 만한 사회 지도층을 찾기 어려운 경박한 사회가 되고 말았단다. 먼저 책임지기보다는 남의 탓만 하는 사회, 나라가 어떻게 되건 국민이 어떻게 되건 나만 살면 된다고 생각하는 사람들이 다수인 사회에 살면서, 어떻게 자부심을 가지고 우리 사회의 미래에 대해 희망과 낙관을 가질 수 있겠니. 그렇다면 우리 사회에 노블레스 오블리주가 다시 꽃피도록 하기 위해서는 무엇을 해야 할까?

노블레스 오블리주는 '남에게는 관용적이고 나에게는 엄격한 생활 태도'로부터 시작된단다. 약한 자에게는 관용과 이해와 연민을 갖되 강한 자에게는 그 이상의 당당함으로 맞서는 진정한 의미에서의 '외유내강'이지.

이러한 태도와 심성은 하루아침에 만들어지는 게 아니야. 어느 날 복권이 당첨돼 갑부가 된다고 없던 노블레스 오블리주가 갑자기 생겨나지는 않는단다. 어릴 때부터 자신을 단련하고 교육을 통해 제2의 천성으로 만들어가지 않으면 안 되는 거란다.

친구가 부당하게 괴롭힘을 당하는 것을 보고 그를 위해 행동할 때 노블레스 오블리주는 생겨나는 거야. 감독 선생님 없이 시험을 봐도 아무도 커닝하지 않을 때 노블레스 오블리주는 쑥쑥 커지는 거란다. 노블레스 오블리주는 사회 지도층 한두 사람의 문제가 아니라 우리 사회 전체의 기풍과 문화의 문제란다.

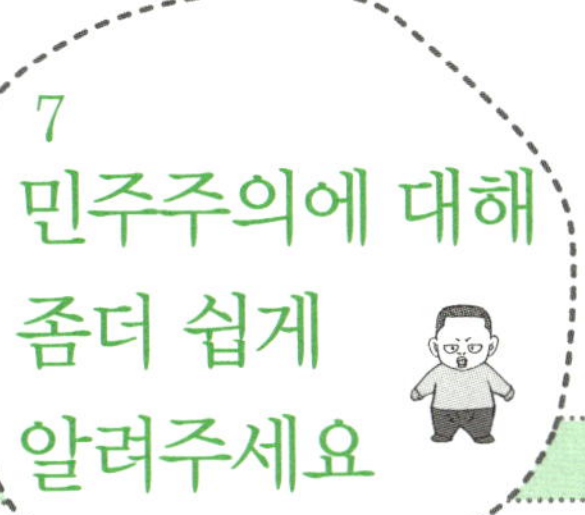

고대 그리스 시대에 투표권은 인구의 약 10%에 불과한 성년 남성 시민들만이 가지고 있었습니다. 나머지 90%에 해당하는 여성, 노예, 외국인 등은 투표권이 없었지요. 중세에는 아예 투표 자체가 없었으니 더 말할 것도 없겠죠.

민주주의에 대해 좀더 쉽게 알려주세요

옛날 어느 마을에 부자가 살았습니다. 이 부자는 평생 동안 열심히 일하고 아껴 쓴 덕에 마을에서 제일가는 부자가 되었습니다. 부자에게는 아들이 셋 있었는데, 아버지와는 달리 셋 다 놀고 먹기만 하는 게으름뱅이였습니다. 아버지의 재산을 믿고 그랬겠지요. 부자는 게으름뱅이 아들들이 걱정되어 밤잠을 이루지 못했습니다. 그러던 어느 날 부자 아버지는 그만 깊은 병에 걸리고 말았습니다. 죽을 날이 가까워온 아버지는 아들들을 불렀습니다.

민주주의라는 보물

"얘들아, 내가 너희들에게 주려고 보물을 저 밭에다 감춰놓았다. 내가 죽거든 그 보물을 찾도록 하여라."

아버지가 죽자 아들 셋은 부리나케 밭으로 나가 보물을 찾기 시작했습니다. 그러나 아무리 밭을 파헤쳐도 보물은 나오지 않았습니다. 보물을 찾다 지친 아들들은 할 수 없이 밭에 나가 씨를 뿌렸습니다. 보물을 못 찾았으니 농사라도 지어야 먹고살 수 있었기 때문이지요. 아들들은 아버지가 살아 있을 때 왜 농사일을 안 배웠는지 후회했습니다. 그런데 이게 웬일입니까. 아들들의 밭에 뿌린 씨는 다른 밭의 씨보다 훨씬 빨리 자라고 열매도 많이 맺었습니다. 보물을 찾느라 밭 구석구석까지 파헤쳐 밭이 모두 기름진 옥토가 되어 있었던 거지요.

가을 추수철이 되자 아들들이 일군 밭에서는 다른 밭보다 두세 배나 되는 수확을 거둘 수가 있었습니다. 덕분에 아버지 못지않은 부자가 된 아들들은 아버지의 보물이 무엇인지 깨달았습니다. 아버지는 어떤 금은보화보다도 더 귀중한 보물, 즉 열심히 살아가는 태도를 유산으로 남겨주었던 것입니다.

우리는 매일 기본권이라는 곡식을 먹고삽니다. 그럼 이 곡식은 누가 만든 것일까요. 그 곡식은 부지런한 부자 아버지가 만든 것이고 게으름뱅이 아들들이 아버지의 가르침을 따라 열심히 일해서 얻은 것들입니다.

우리는 우리가 받은 보물을 더 크게 만들어서 다음 세대에게 넘겨줄 의무가 있습니다. 만약 우리가 이 의무를 소홀히 한다면 우리 자손들은 다시 가난해질 것입니다.

민주주의라는 보물, 기본권이라는 유산을 지키고 키우려면 어떻게 해야 할까요. 가장 중요한 것은 내가 민주주의라는 보물의 전승자요 기본권이라는 유산의 계승자라는 사실을 자각하는 것입니다. 내가 이것을 지켜내지 못하면 민주주의라는 보물도 기본권이라는 유산도 모두 사라지고 만다는 사실을 깊이 깨닫는 것입니다. 바로 이것이 주인 의식과 역사 의식을 갖는 것입니다.

우리가 역사의 참 주인이 되면 모든 일에 주체적으로 참여하게 됩니다. 우리 사회에서 벌어지는 어떤 일도 나의 일 아닌 것이 없습니다. 세상의 아픔이 나의 아픔이고 세상의 기쁨이 나의 기쁨이 됩니다. 여기에 어떻게 방관이 있겠으며 '모른 체'가 있겠습니까.

민주주의에는 공짜가 없다

현대 사회에서 투표권은 1인 1표를 원칙으로 합니다. 그런데 주식은 1주 1표제를 택하고 있습니다. 말하자면 100주를 가진 사람은 100표, 10주를 가진 사람은 10표를 행사하는 거죠. 이것은 자본주의 시장 경제의 특수성 때문이지요. 그런데 시장이 아니라 정치에서도 1인 1표가 아니었던 때가 있었습니다. 오히려 과거에는 '불평등 투표제'가 일반적이었다고 해도 좋을 것 같습니다. 이 문제를 역사적으로 한번 살펴보지요.

고대 그리스 시대에 투표권은 인구의 약 10%에 불과한 성인 남성 시민들만이 가지고 있었습니다. 나머지 90%에 해당

하는 여성, 노예, 외국인 등은 투표권이 없었지요. 중세에는 아예 투표 자체가 없었으니 더 말할 것도 없겠죠.

문제는 시민 혁명 이후인 근대의 경우인데요, 시민 혁명이 일어난 이후에도 투표권은 일정한 액수 이상의 세금을 내는 사람에게만 주어졌습니다. 가난해서 세금을 못 내는 대다수 노동자들과 여성들은 투표권이 전혀 없었구요. 말하자면 재산과 성에 따른 차등 불평등 투표제였던 겁니다.

이렇게 되자 "나도 한 사람의 인간이다. 세금만 못 낼 뿐이지 목숨을 걸고 전쟁터에도 나가는데 투표권이 없다면 내가 국가에 충성을 바칠 이유가 없지 않은가. 나에게도 투표권을 달라"는 주장이 광범위하게 제기 됐어요. 바로 이것이 참정권 운동, 즉 차티스트(Chartist) 운동이에요. 이 운동으로 세금을 못 내는 사람들도 투표권을 행사할 수 있도록 투표권의 범위가 점차 넓혀졌습니다. 그러나 마지막까지도 여성들에게는 투표권을 주지 않으려 했어요. 차티스트 운동의 발상지였던 영국에서조차 1918년에는 20세 이상 남성과 30세 이상 여성에게 투표권을 줬다가 10년 뒤인 1928년에 가서야 비로소 20세 이상 남녀가 동등하게 투표권을 가질 수 있었지요. 여성도 여성이지만 흑인의 경우는 더 심해서 흑인 차별 정책을 공공연하게 자행했던 남아프리카 공화국은 만델라 대통령이 집권해 흑인 차별 정책을 없애고 민주화를 실시한 1990년이 되어서야 비로소 흑인들에게도 투표권을 인정했습니다.

참정권을 얻기 위한 오랜 투쟁의 결과 현대 사회는 선거와 관련해 다음의 4가지 원칙을 확립하기에 이르렀습니다.

1) 일정한 연령 이상(통상 19세~20세)의 모든 성인 남녀에게 투표권이 주어지는 보통 선거권, 2) 1인 1표주의라는 평등 선거권, 3) 어떤 경우에도 본인이 직접 투표하는 직접 선거권, 4) 마지막으로 투표의 비밀을 절대적으로 보장하는 비밀 선거권이 그것입니다.

불과 몇십 년 전만 해도 이와 같은 선거의 기본 원칙들이 잘 지켜지지 않았습니다. 군부 독재 정권 시절에는 군 부재자 투표에서 비밀 선거가 지켜지지 않은 사례들이 많았고, 심지어는 투표인 명부를 빼돌려 조직적으로 간접 선거를 한 경우도 있었습니다.

최근에는 국민의 참정권을 확대하기 위해 부재자 투표의 범위 확대와 부재자 투표소 설치, 선거 연령 인하 등의 여러 가지 보완 조치들이 취해지고 있습니다. 얼마 전 미국에서도 좀더 쉽게 투표인 명부 등록을 할 수 있도록 하는 개혁 조치를 취해 그동안 투표권을 행사하지 못했던 소수 인종들이 대거 투표권을 얻게 됐습니다.

그런데 이런 역사적 사실을 되짚어보면 투표권 하나조차 결코 그냥 주어지는 경우는 없었다는 사실을 알게 됩니다. 민주주의는 공짜로 얻어지는 것이 아닙니다. 지금 내가 싸우지 않을 뿐이지 이미 누군가가, 내 할아버지, 내 어머니가 싸워서 얻은 것이 민주주의인 것입니다.

이것은 민주주의 발전의 역사를 보면 잘 알 수 있습니다. 민주주의는 세 번의 발전을 거쳐 오늘에 이르렀다고 할 수 있습니다. 250~300년 전인 18세기에 전 세계적으로 시민 혁명이 일어났는데, 그때 영국, 프랑스, 미국 등지에서 민주주의의 기본 골격이 잡혔습니다. 이때가 1단계 민주주의 여명기였지요.

그런데 이 나라들은 자기 나라에서는 민주주의를 꽃피웠지만 다른 나라, 다른 민족에 대해서는 그러지 않았습니다. 오히려 민주주의 발전과 산업 혁명을 통해 얻은 강력한 힘으로 다른 나라를 정복해 식민지로 삼았습니다.

영국과 프랑스는 아프리카, 아시아, 남아메리카 등 전 세계에서 식민지를 경영했는데, 식민지를 둘러싸고 후진 제국주의 국가인 독일, 이탈리아, 일본 등과 두 차례에 걸쳐 식민지 분할 전쟁인 세계 대전을 치르기까지 했던 것입니다.

그 결과 1945년 이후에는 더 이상 식민지 지배 체제를 유지해갈 수가 없게 되었습니다. 그래서 이때 대다수 식민지들이 독립하게 되었지요. 이때 독립한 신생 독립국가들은 당시로서는 가장 발전된 정치 체제인 민주주의 정치 체제를 선택했어요. 이때가 2단계 민주주의 확산기라고 할 수 있습니다. 우리 나라도 이때 독립하고 민주주의를 받아들이죠. 당시에는 그게 가장 선진적인 정치 체제였으니까요.

3단계인 민주주의 발전기는 1980년대 들어서면서 시작됩니다. 2차 대전 후 민주주의를 받아들인 나라들은 대부분 겉으로는 민주주의를 받아들였지만 민주주의를 유지·발전시킬 힘도 경험도 부족했습니다. 그 결과 대부분의 나라들이 독재 정치로 전락했어요. 군부가 쿠데타를 일으켜 민주주의를 부정하고 독재 정치를 한 거지요. 우리 나라도 마찬가지입니다.

이렇게 되자 많은 나라들에서 다시 민주주의를 쟁취하자는 투쟁이 전개됐습니다. 1945년 당시에는 마치 선물처럼 주어져서 민주주의가 얼마나 소중한지 잘 몰랐는데 막상 독재 정치, 공포 정치를 경험하고 보니까 비로소 민주주의가 생명보다 더 소중하다는 것을 깨닫게 된 것이지요. 그래서 참으로 많은 사람들이 말 그대로 목숨을 걸고 민주주의를 회복하기 위한 투쟁을 전개했습니다.

수많은 희생 끝에 민주화 투쟁의 열기는 점점 높아져 마침내 1980년대에는 아르헨티나, 칠레, 필리핀 등 전 세계적으로 다시 민주주의가 회복되기 시작했습니다. 우리 나라도 1987년 6월 민주 대항쟁을 계기로 민주주의를 회복했지요. 소련의 영향권 아래에 있던 동유럽의 전체주의 국가들도 1980년대 후반에 민주주의로 돌아서기 시작했고요. 이 거대한 민주화 흐름을 3단계 민주주의 발전기라고 하는 겁니다. 지금 우리는 이 3차 민주 혁명 흐름의 연장선상에 있는 거지요.

'민주주의는 피를 먹고 자라는 나무' 라는 말이 있습니다. 민주주의의 역사를 살펴보면 이 말이 결코 과장된 게 아니라는 것을 알 수 있습니다. 지금은 마치 물과 공기처럼 자연스럽게 누리고 있는 민주주의와 기본권이지만 민주주의야말로 수많은 사람들의 피로 얻은, 유리처럼 깨지기 쉬운, 세상에서 가장 소중한 보물이라는 점을 잊지 말아야 합니다. 그 흔한 물도 일주일 동안 먹지 못하면 죽습니다. 공기가 10분만 없어도 마찬가지지요. 민주주의와 기본권 역시 우리에게 물이요 공기와 같은 존재라는 것을 다시 한번 마음속 깊이 새기시길 바랍니다.

자의적 통치와 법치주의

법치주의는 민주주의에 있어서 핵심적으로 중요한 요소입니다. 법치주의는 법에 의해 통치하는 정치 체제를 말하는 것인데 이는 불완전한 인간이 불완전한 판단과 자의적인 결정으로 통치하지 않는다는 뜻이기도 합니다.

자의적 통치의 위험은 굉장히 크지요. 자의적 통치란 쉽게 말하자면 왕이 오늘은 이렇게 내일은 저렇게 하라고 기분 내키는 대로 통치하는 겁니다. 어제는 우측통행하라고 했다가 오늘은 우측 통행하는 사람들을 다 죽이라고 한다면 누가 왕을 따르고 국가를 믿겠습니까? 아무도 왕과 국가를 믿지 않게 되죠. 그 순간 국가도 왕도 통치의 기반을 잃게 됩니다. 이것을 '신뢰의 위기'라고 합니다. '신뢰의 위기'는 한번 시작되면 도미노처럼 걷잡을 수 없게 됩니다. 그래서 예로부터 왕이건 국가건 일단 국민에게 한 약속은 하늘이 두 쪽 나는 한이 있어도 지켜야 한다고들 해왔던 것입니다. 말 그대로 '국가일언 중천금'인 셈이지요.

옛날 중국 진나라의 상앙(?~B.C. 338. 중국 춘추전국 시대의 정치사상가)이라는 사람은 법을 시행함에 있어 국민의 신뢰가 가장 중요하다는 점을 꿰뚫어 보고 있었습니다. 어느 날 상앙은 성문 앞에 나무 막대기를 하나 세워놓고 그 위에 방을 붙였습니다. 내용인 즉 '이 나무 막대기를 이쪽 문에서 저쪽 문으로 옮겨놓는 자에게 상금 10냥을 주겠다'는 것이었죠. 그런데 이 방을 본 사람들은 아무도 나무 막대기를 옮겨

놓지 않았습니다. 너무 어이가 없어 믿지 않았던 거죠. 그러자 상앙은 다음 날 똑같은 방을 부치고는 상금은 50냥으로 올렸습니다. 역시 많은 사람들이 역시 장난이겠거니 하고 보고만 있는데 그중 우직한 사람 하나가 밑져야 본전 아니냐 하고 그 나무 막대기를 옮겨놓고 상앙에게 왔습니다. 상앙은 두말 않고 50냥을 내주었지요.

이 일이 알려지자 진나라 사람들은 국가가 하는 말이라면 무엇이든 지 믿게 됐습니다. 국가를 믿는 국민을 앞세워 진나라는 마침내 천하 통일을 이루었습니다.

이 같은 신뢰가 어디서부터 생기는 것일까요. 바로 법에 의한 정치, 즉 공명정대한 법치주의로부터 생겨나는 것입니다.

법에 의한 지배는 예측을 가능하게 합니다. 무엇을 하면 안 되고 무 엇을 하면 괜찮은지를 미리 알려줍니다. 이렇게 예측 가능해야 내일을 설계할 수 있겠지요. 내일을 설계할 수 있어야 발전이 있을 것은 두말 할 것도 없을 거구요. 그 반대로 자의적 지배가 존재하는 곳에서는 내 일을 설계할 수 없으므로 발전이 있을 수 없는 것입니다.

정치의 가장 중요한 활동은 법치주의의 근간인 법을 만드는 겁니다. 그러나 인간이 만들기에 어떠한 법도 완전하지는 않습니다. 특히 법은 일단 만들어지면 그것을 지켜나가려고 하는 보수적 성격을 갖게 되는

데 반해 사회는 끊임없이 변화해나갑니다. 그래서 법은 지속적으로 개정되고 보완되어야 하는 것입니다.

법은 현실을 앞서가기보다는 뒤쳐져 따라가는 경우가 많습니다. 따라서 법은 늘 겸손해야 합니다. 변화되는 현실을 자신의 테두리에 잡아두려 하는 순간 법은 역동적인 현실을 놓치게 되기 때문입니다. 국가의 안정적 운영을 위해서는 법의 보수적 역할이 꼭 필요하지만 이와 동시에 법은 변화되는 현실을 따라가기 위한 개방성을 가져야 합니다. 그렇지 않으면 법이 나라를 발전시키는 힘으로 작용하는 것이 아니라 사회 변화와 발전을 억제하는 힘으로 작용하게 될 것이기 때문입니다.

모든 정치는 국민을 위한다고 해. 그렇다고 국민을 위하는 정치가 다 민주주의인 것은 아니란다. 독재 정치도 말로는 국민을 위한다고 한단다.

링컨의 유명한 말이 있지. 그는 민주 정치를 다음과 같이 표현했어. "of the people, by the people, for the people". 이때 '국민을 위한'(for the people) 정치를 동양에서는 '민본정치'라고 표현해. 유교는 가장 대표적인 민본 정치 철학이란다. 백성을 하늘처럼 받들라는 것이 유교의 가르침이지. 그러나 '백성에 의한' 정치를 하자는 것은 아니야. 다시 말해 유교의 민본 정치는 백성을 위하는 정치이기는 하지만 백성이 주인 노릇 하는 백성의 정치, 즉 민주 정치는 아니라는 거야. 유교는 어디까지나 양반 사대부에 의한 양반 사대부의 정치인 거야. 민주주의는 '국민의'(of the people) 정치란다. 이를 구현하기 위해서는 '국민에 의한'(by the people) 정치가 필요하지. 국민의 참여가 필요한 거야. 따라서 '국민을 위한'(for the people) 정치는 그 결과지 민주주의 자체는 아니란다.

자유주의는 어떤 사상인가요?

자유주의는 인간의 자유를 최대 가치로 여기는 사상이란다. 프랑스의 계몽 철학자이자 자유주의 행동가인 볼테르(Voltaire, 1694~1778. 프랑스 계몽주의 사상가)는 자신과 의견이 다른 사람에게 이렇게 편지를 보냈단다. "나는 당신과 의견이 다릅니다. 그러나 당신이 나와 다른 의견을 말할 수 있는 자유를 보호하기 위해 언제든 싸울 용의가 있습니다."

자유주의 사상에서 자유의 핵심 영역은 '사상의 자유'야. 신체의 자유, 언론, 출판, 결사의 자유 등은 그 자체로도 중요한 가치들이지만, 본질적으로 사상의 자유를 실현하기 위한 수단적 의미의 자유란다. 그렇다면 사상의 자유는 왜 이렇게 중요할까? 그것은 인간이 불완전하기 때문에 다른 인간의 생각과 사상을 통제해서는 안 된다는 철학과 신념 때문이란다.

현대 민주주의는 바로 이 같은 자유주의 정치 철학을 토대로 발전했단다. 자유주의사상의 기본권 철학과 천부 인권론이 없었다면 민주주의는 단순한 정치 과정 이론이 되었을지도 모르지. 이렇게 민주주의와 자유주의, 이 두 정치 사상이야말로 현대 민주 정치를 지탱하는 두 기둥이란다.

왜 여자 정치인은 적을까요?

고대부터 중세를 거쳐 근대 사회에 이르기까지 인간 사회의 질서는 남성 중심으로 짜여져 왔단다.

고대 그리스의 도시 국가같이 일찍부터 민주주의가 발전한 곳에서도 여성은 시민권을 갖지 못했단다. 글을 읽고 쓰는 사회 활동에서도 배제됐어. 심한 경우 여성은 아이 낳는 도구로 취급받기도 했고. 이런 상태였으니 여성이 정치를 한다는 것은 상상도 할 수 없었단다. 프랑스의 잔다르크나 우리 나라의 유관순 같은 여성들은 극히 예외적인 경우에 속했다고 볼 수 있어.

인구의 절반이 여성인데 여성을 대표하는 여성 정치인은 인구의 1%도 채 안 되는 비정상적인 상황은 여성이 참정권을 갖게 된 20세기로 들어와서도 크게 개선되지 않았단다. 북유럽 여러 나라에서 여성 국회의원이 20~30%를 차지하는 등 많은 개선과 변화가 있었지만, 아직까지도 여성 차별은 알게 모르게 이루어지고 있단다.

21세기는 여성의 시대라는 말이 있단다. 감성의 시대, 이미지의 시대, 네트워크의 시대에 걸맞은 인간상은 여성이라는 거야. 21세기 세계가 직면한 사회 복지 문제, 환경 생태 문제 같은 핵심 과제들도 여성의 열린 마음과 부드러운 관용의 마음으로 접근할 때 더 잘 해결될지도 몰라.

남성이냐 여성이냐가 아니라 양성(兩性)이 손잡고 같이 나아가는 21세기가 되어야 해. 그러려면 여성의 정치적 진출이 지금보다 더 활발해져야 할 것은 두말할 필요가 없겠지.

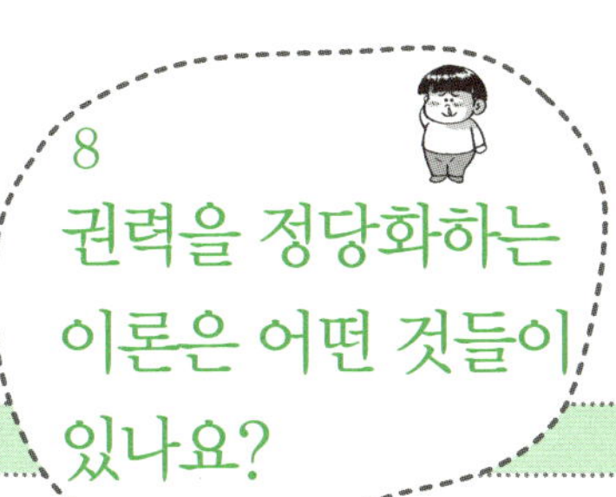

8
권력을 정당화하는 이론은 어떤 것들이 있나요?

로크는 홉스와 같이 국민이 절대자에게 자신의 권력을 넘겨준 데까지는 동의하는데, '권력을 넘겨받은 절대자가 내 뜻과 다르게 행동할 때 어떻게 할 것인가? 그때도 죽은 듯이 복종해야 하는가, 아니면 저항해야 하는가'라는 문제를 집중적으로 고민했어요. 로크의 결론은 비록 권력을 위임했지만 권력이 정당하지 않을 때는 저항할 수 있다는 것이었지요.

권력을 정당화하는 이론은 어떤 것들이 있나요?

인간 사회에는 현실적으로 늘 권력이 존재합니다. 옛날에는 왕이나 황제, 교황이 이 권력을 행사했습니다. 이에 대해 국민들은 '나보다 힘이 세지도 않고, 머리도 좋지 않은 저 사람이 왜 권력을 행사하는 거야'라고 문제를 제기할 수 있지요. 왕, 황제, 교황은 이러한 의문에 대해 어떻게든 설득력 있는 대답을 해야만 했습니다.

어느 날 신께서 내게 왕이 되라고 했다

왕의 권한을 신으로부터 받은 것이라는 설명이 왕권신수설인데, 이 이론은 '내가 왕인 것은 내가 노력해서도 아니고 머리가 좋아서도 아니다. 어느 날 신께서 내게 왕이 되라고 했기 때문에 왕이 된 것이다. 따라서 나에게 도전하는 것은 곧 나를 왕으로 만들어준 신에게 도전하는 것이다'라는 주장입니다. 우주 만물과 인간의 존재 이유를 신으로부터 찾았던 시대에 바로 그 신으로부터 왕위를 임명받았다고 주장한다면 신을 믿는 사람들에게 더 이상 다른 설명이 필요했을까요? 때문에 유럽의 왕들은 대관식 날 신을 대리하는 교회의 수장으로부터 왕관을 받는 상징적인 행사를 치렀습니다.

왕권신수설은 나중에 양검론(兩劍論)의 형태로 변형이 됩니다. 신이 권력을 주었는데 육신의 권력은 왕에게 주었고, 영혼의 권력은 교황에게 주었다는 주장이죠. 몸은 황제가 다스리고 마음은 교황이 다스린다는 겁니다. 신이 두 개의 칼 중 하나는 왕에게 하나는 교황에게 주었으니 양검론이 되는 것입니다. 양검론은 로마 바티칸의 교황이 영향력을 대폭 확대하면서 프랑스 왕 등과 갈등이 일어나자 이를 해결하기 위한 일종의 타협책으로 개발된 이론입니다. 양검론은 현실적으로 존재하는 두 개의 가장 강력한 권력, 즉 교황권과 황제권을 모두 포섭하는 이론이었기 때문에 역사상 출현했던 어떤 이데올로기보다도 강력하게 인간을 지배했습니다. 육체와 정신 모두를 지배하는 이론이었으니까요.

권력은 국민 개개인이 약속에 의해 위임했다

중세의 왕권신수설이 이토록 강력했기 때문에 이를 극복하기 위해서는 세계관의 혁명적 전환이 먼저 일어나야 했습니다.

17~18세기는 사람들의 세계관이 바뀐 시대입니다. 그전까지는 지구를 중심으로 행성들이 돌고 있다고 생각하다가 '지구도 태양을 중심으로 도는 행성 중의 하나이다'로 생각이 바뀐 시대입니다.

만난 적도 없고, 본 적도 없는 신이 언제까지나 무능하고 부패한 왕권을 정당화해 줄 수 없게 된 시대이기도 했습니다. 그래서 왕권신수설 대신에 권력을 설명할 필요가 생겼습니다. 왕권신수설이 아니라면 현실로 존재하는 권력을 어떻게 설명할 수 있을까 하는 고민 끝에 사회 계약론이 나왔습니다.

'국가라는 권력이 있는데 이 권력은 신이 준 것이 아니고, 우리들끼리 약속을 해서 넘겨준 것이다' 라고 설명하게 된 거죠. 이 이론의 첫 번째 주창자는 홉스(Thomas Hobbes, 1588~1679. 영국의 철학자·정치 이론가)였습니다.

홉스는 일종의 성악설을 주장했던 정치 철학자였습니다. 홉스는 인간을 자기 욕심만 챙기는 동물적 존재로 보았습니다. 그래서 자연 상태로 두면 서로가 도둑질하고, 죽이려 한다고 보았지요. 인간의 자연 상태를 '만인에 대한 만인의 투쟁 상태' 로 설명한 거지요. 이런 사회에서는 아무도 안전할 수가 없습니다. 따라서 누군가 질서를 유지할 수 있는 강한 사람을 내세워서 안전을 보장받아야 했죠.

이런 이유로 사람들은 자신의 권력의 일부를 내놓았고, 이것을 모아 한 사람에게 위임을 하게 된 겁니다. 그런데 이 권력은 한번 위임하면 다시 돌려받을 수 없었습니다. 왜냐하면 돌려받는 순간 자신의 안전이 위협받게 되니까요. 홉스는 이 권력을 신화에 나오는 거대한 괴물인 리바이어던(Leviathan)으로 표현했습니다. 거대한 괴물과 같은 국가의 권력에는 모두가 절대 복종해야 한다고 한 거지요. 홉스의 주장이 중요한 이유는 그가 처음으로 신을 이야기하지 않고 권력을 설명해냈다는 데 있습니다. 권력이 신으로부터 벗어나 비로소 인간 세계의 현실로 돌아온 것이죠.

로크(John Locke, 1632~1704. 영국의 철학자)는 홉스와 같이 국민이 절대자에게 자신의 권력을 넘겨준 데까지는 동의하는데, '권력을 넘겨받은 절대자가 내 뜻과 다르게 행동할 때 어떻게 할 것인가? 그때도 죽은 듯이 복종해야 하는가, 아니면 저항해야 하는가' 라는 문제를 집중적으로 고민했습니다. 로크의 결론은 비록 권력은 위임했지만 권력이 정당하지 않을 때는 저항할 수 있다는 것이었지요. 아무리 절대 권력이라도 국민의 생명과 재산까지 마음대로 해서는 안 된다고 본 겁니다. 여기서 '저항권 이론' 이 탄생합니다. 로크의 저항권 이론은 이미 영국 사회에 절대 군주의 절대 권력에 저항할 수 있는 시민 계급이 출현했음을 반영하는 것이기도 합니다. 그렇지 않았다면 로크는 그 저항권 이론 때문에 목숨을 잃었을지도 모릅니다.

프랑스에서는 루소(Jean-Jacques Rousseau, 1712~1778. 프랑스의 소설가이자 사상가)가 사회 계약론을 주장했습니다. 루소는 개개인의 개별 의지를 넘어서는 일반 의지에 의해 국가가 성립된다고 보았습니다. 일반 의지가 법으로 나타나고 질서를 유지하기 때문에 개인은 여기에 복종해야 한다는 거지요. 한마디로 말하자면 사회 계약론은 권력을 국민 개개인이 약속에 의해 위임한 것으로 해석하는 이론입니다. 이 이론에 따르면 헌법도 국민들 간의 약속이라서 지키는 것이지 무조건 지켜야 하는 것은 아니라는 겁니다.

이러한 계약 사상은 근대 사회로 가는 데 결정적인 역할을 했습니다. 계약의 당사자가 '나'이므로 나보다 더 존귀한 사람은 없다는 개인주의, 계약은 정당하게 이루어져야 하고 정당하게 이루어진 계약은 어떤 경우에도 지켜져야 한다는 합리주의와 법치주의 등 근대 사회를 지탱하는 중요한 사회 철학과 사상들이 모두 다 이 사회 계약론에서부터 발전돼 나왔습니다. 근대 사회를 개막한 사회 계약론은 현대 사회를 설명하는 데도 가장 기본적인 이론으로 역할하고 있습니다. 그런 의미에서 우리는 '사회 계약론적 세계'에서 살고 있는 것입니다.

　대통령이 되기 위해서는 애국심, 겸손함과 개방적 태도, 책임감과 헌신성이 필요하단다. 특정 분야에 전문 지식이 있는 것이 나쁘지는 않지만 그것보다는 전체를 꿰뚫어볼 수 있는 통찰력과 안목이 더 중요해. 이와 동시에 보통 국민들의 애환과 삶을 이해하고 호흡을 같이 할 수 있어야 한단다.

　정치인은 나라를 이끌어가는 사람이야. 따라서 우리 나라가 지금에 이르기까지 겪어온 험난한 과정과 우리 국민의 뛰어난 능력을 누구보다도 깊이 느끼고 그것을 체현할 수 있어야 한단다. 정치인은 언제 어디서 나라의 미래를 결정짓는 선택을 하게 될지 모른단다. 그러므로 언제 어떤 상황에서도 자신보다는 나라와 국민을 먼저 생각할 수 있어야 하지. 그의 선택에 국민과 나라의 생명과 안전이 달려 있기 때문이야. 어떤 시인은 이렇게 읊었단다. "우리는 퇴임 후 자전거를 타고 이웃 마을에 놀러가는 대통령을 보고 싶다." 대통령의 책임이 무거울수록, 보통 국민의 눈높이에서 문제를 보고, 보통 국민과 함께 풀어 나갈 수 있는 '하나됨'의 지도력을 보고 싶은 거겠지. '큰 바위 얼굴'과 같은 지도자를 말이야.

대통령의 첫 번째 의무는 국가 안보와 국민의 안전을 지키는 거란다. 이를 위해 대통령은 외교, 국방 등 안보 분야에 각별한 관심을 가져야 해. 또한 경제가 잘 운영되어 국민의 생활이 윤택해지도록 노력해야 하고 사회, 문화적으로 활력이 넘쳐 국민 생활이 풍족하고 여유롭게 영위되도록 해야 한단다.

나아가 국가 발전 방향을 제시하고 여기에 국민들이 참여할 수 있도록 솔선수범하는 지도력을 발휘해야 한단다. 이를 위해서는 많이 듣고 많이 보아야 해. 국민의 뜻을 무겁게 여기되 한번 정해지면 황소같이 뚜벅뚜벅 걸어가는 뚝심도 발휘해야 한단다.

이러한 일을 성공적으로 잘하기 위해 대통령은 청와대 비서실과 국무총리 및 각 부처 장관, 그리고 여러 기관의 책임자를 임명한단다. 국무총리, 장관들의 경우에는 국회의 인사 청문회를 거쳐 그 능력과 자질을 검증받기도 해. 또 대통령은 국무회의를 주재해 행정부의 일을 직접 감독하고 점검한단다. 국회에 나가서 시정 연설을 해 국정 운영 방향을 제시하기도 하고 기자 회견을 통해 국민들에게 직접 국정을 설명하기도 해.

그런가 하면 외국의 대통령들과 만나 외교 협상을 벌이기도 하고 우리 나라 상품의 해외 진출을 돕기도 해. 외국 기업 유치도 하고. 국내의 산업 현장, 건설 현장 같은 곳을 방문해 노동자들을 격려하고 기업인들의 어려운 점을 듣고 해결해주기도 하지. 청소년, 노인, 장애인 복지 시설 같은 사회적 소수자들의 시설을 방문해 사회 복지 정책이 제대로 이루어지고 있는지 점검도 하고, 전방 부대에서 근무하는 국군 장병들을 격려하기도 한단다. 이렇게 정신없이 바쁜 게 대통령의 생활이야. 휴가는 1년에 2번 정도, 그것도 3~4일에 불과해. 이러다 아프면 어떡

하지? 하는 생각이 들 정도지. 하지만 걱정할 건 없어. 청와대에는 24시간 대통령의 건강을 책임지고 관리하는 의료팀이 대기하고 있으니까.

힘든 일인데 왜 서로 대통령을 하려고 하나요?

대통령이 되려는 사람은 다른 사람보다 권력 의지나 지배 의지가 더 강한 사람일 가능성이 높아. 정도의 차이가 있을 뿐 권력 의지는 누구에게나 있는 자연스러운 욕구이자 본능이므로 그 자체를 문제 삼을 필요는 없단다. 그런 욕구를 좋은 방향으로 잘 승화시키면 되는 거야.

로마 시대 위대한 정치가였던 시저(Julius Caesar, B.C. 100~B.C. 44)는 '로마에도 좋고 시저에게도 좋은 정치'를 하는 것이 목표라고 했단다. 자신의 권력 의지를 로마의 발전이라는 공공의 이익과 결합시키려 노력했던 거란다. 우리 나라 정치 지도자들도 시저의 이런 자세, 즉 '대한민국에도 좋고 자신에게도 좋은 길'을 만들어갔으면 해.

그런데 이 둘이 일치하지 않을 경우 어떻게 해야 할까? '대한민국에 좋으나 자신에게는 좋지 않은 길'을 택해야 할까. '대한민국에는 좋지 않으나 자신에게는 좋은 길'을 택해야 할까. 공공의 이익을 개인의 이익보다 앞세우는 '선공후사' 정신으로 이 문제에 답하는 것이 지도자가 되는 길일 거야.

대통령은 왜 양복만 입나요?

대통령이나 국회의원들은 대체로 양복을 입는단다. 물론 법으로 정해진 건 아

니야. 양복이 공식적인 자리에 걸맞은
옷차림이라고 생각해서 입는 거란다.

　사실 어떤 옷을 어떻게 입느냐 하는
문제는 단순히 예의에 관한 문제는 아
니란다. 그것은 그 사회의 환경과 문
화, 권력관계와 빈부 문제 등이 복잡
하게 얽혀 있는 문제란다. 우리가 공식적인 옷차림이라고 생
각하는 양복과 양장만 하더라도 불과 100여 년 정도의 역사
밖에는 안 되는 옷차림이야. 서구 사회가 팽창해 자신들의 문화
와 풍습을 세계에 퍼뜨리고, 세계적 기준으로 삼았기 때문에
양복과 양장이 공식적인 정장 차림이 된 거란다. 이렇듯 옷
차림 하나에도 여러 나라와 민족들의 문화와 권력관계 등이
반영되어 있단다.

　1970년대는 여성 정치인이 매우 드문 때였는데 한 여성이
국회의원이 되었단다. 그런데 이 여성 국회의원은 남자와 똑같이 머리를 짧게 하
고 양복을 입고 다녔어. 왜 그러고 다니냐고 묻자 그 여성 국회의원은 이렇게 대
답했단다. "이렇게 남자처럼 하고 다녀야 사람들이 저를 깔보지 않습니다"라고.

　1970년대만 해도 우리 나라에는 '남존여비' '관존민비' 같은 봉건적 생각과
문화가 널리 펴져 있었고, 그 때문에 여자가 국회의원을 하고 정치를 한다고 하
면 "암탉이 울면 집안이 망한다"고 하면서 깔보았던 거란다. 그러니까 이 여성 정
치인이 입은 양복은 자신을 깔보지 못하게 하는 방패였지만 동시에 여성을 짓밟
고 업신여기는 남성 우월주의적 정치 문화의 상징물이었다고 할 수도 있는 거란다.

　요즘은 우리 나라 국회에서도 양복을 입지 않은 국회의원들을 볼 수 있게 되

었어. 농민 출신의 한 국회의원은 한복 두루마기를 입고 다니고, 또 어떤 국회의
원은 넥타이를 매지 않고 점퍼 차림으로 국회에 나가기도 한단다. 매일 국회까지
자전거로 출퇴근하는 국회의원도 있고. 양복, 그것도 가장 권위주의적인 이미지
를 주는 남색이나 군청색 양복만이 활개치던 국회가 이렇게 다양한 색깔과 스타
일의 옷차림으로 바뀌어가는 것도 국회의 권위주의 문화가 민주적으로 바뀌어가
는 것을 보여주는 하나의 상징이라고 할 수 있단다.

1970년대에 비해 여성 국회의원들의 숫자가 크게 늘어난 것도 이러한 다원화,
민주화의 반영이라고 할 수 있단다. 여성 국회의원들의 옷차림이 화사해지고 다
양해진 것 또한 아주 보기 좋은 모습 아닐까?

정치에서 좋은 사람, 나쁜 사람이 따로 있나요?

좋은 사람, 나쁜 사람이 따로 있는 것이 아니란다. 보는 관점에 따라 다를 뿐이야.

사회, 경제, 그리고 정치 관계를 설명할 때 항상 그 출발점은 인간이란다. 인간
을 어떻게 보는가에 따라 크게 두 가지로 생각이 나뉘는데 하나는 인간은 원래
선한 존재라는 거고 다른 하나는 인간은 원래 악한 존재라는 거야. 앞의 입장을
성선설, 뒤의 입장을 성악설이라고 하지. 어떤 입장을 취하는가에 따라 사회와 경
제와 정치를 설명하는 방법이 달라지게 된단다.

먼저 성선설의 입장에서 볼까. 성선설은 인간이 원래 선한 존재인데 열악한 환
경이나 불필요한 여러 제도들 때문에 악해졌다고 설명한단다. 따라서 사회악을
제거하고 모든 인간이 행복하게 살기 위해서는 원래의 인간으로 돌아가야 한다고
주장해. 루소가 자연 상태를 최상의 상태로 상정한 것이나 노자가 일체의 인위적

인 것들을 배제한 자연 상태로의 복귀를 주장한 것 등이 여기에 해당한단다.

그러면 성악설의 입장에서 보면 어떻게 될까. 성악설은, 인간은 원래 욕망과 투쟁의 존재이므로 인간의 선의에 기대하지 말고 법과 제도로 통제함으로써 평화와 행복을 구해야 한다는 주장으로 요약될 수 있단다. 옛날 중국의 상앙, 한비자 (韓非子, ?~B.C. 233) 같은 법가 사상가들이 대표적인 경우지. 서양에서는 홉스가 대표적이란다. 홉스는 인간의 자연 상태를 '만인에 대한 만인의 투쟁 상태'라 보고, 이러한 상태에서 인간이 평화를 유지하고 발전하기 위해서는 각자 자신의 권리를 포기하는 계약을 할 수밖에 없다는 사회 계약론을 처음으로 제창했단다.

이 두 입장 중 어느 것도 절대적으로 옳다고 할 수는 없어. 인간은 선한 면과 악한 면을 같이 갖고 있는 야누스적 존재인지도 몰라. 그러니까 성선설도 맞고 성악설도 맞다고 할 수 있어. 이렇게 제3의 입장에서 보면 다음과 같은 결론이 나온단다.

'인간은 선한 면과 악한 면을 모두 갖고 있다. 이 선한 면과 악한 면은 환경과의 관계에서, 그리고 인간의 관계에서 더 선해지기도 하고 더 악해지기도 한다. 따라서 우리는 인간 본연의 선한 면을 더 발전시키고 인간 본연의 악한 면을 없애기 위해 지속적으로 노력하지 않으면 안 된다.'

인간의 선한 면을 발전시키기 위해서는 지속적인 계몽과 교육, 그리고 선한 행동에 대한 사회적 보상을 제도화해야 할 거야. 그리고 악한 면을 없애기 위해서는 법과 제도에 의한 교정과 악한 행동에 대한 사회적 징벌을 엄격히 실행해야 돼.

그런데 문제는 우리가 정치를 생각할 때 항상 최악의 상황을 염두에 두고 해야 한다는 거야. 위에서 설명한 제 3의 입장, 즉 인간은 선한 면과 악한 면이 동시에 있다고 할 경우에도 정치는 인간의 선한 면보다는 악한 면을 더 염두에 두어야 한단다. 왜냐하면 정치는 최선을 추구하지만 그와 동시에 차악을 준비해가

야 하기 때문이야. 정치가 인간의 선의보다는 법과 제도를 통한 통치에 좀더 강
조점을 두는 이유도 여기에 있는 거란다.

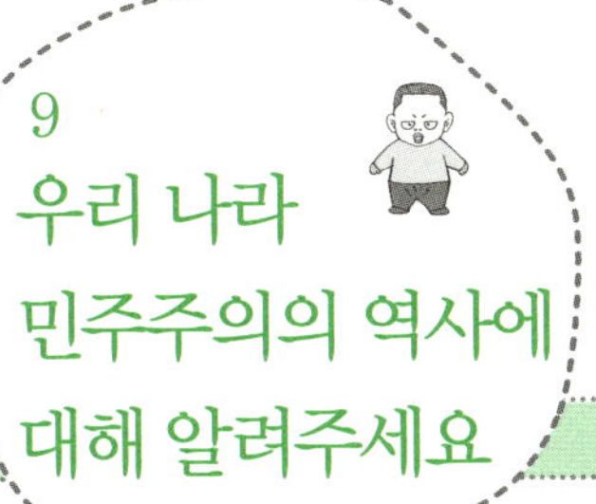

6월 민주 항쟁은 남녀노소 가리지 않고 우리 국민 모두가 전국에서 동시에 진행한 민주화 운동이었습니다. 어머니들은 시위대 진압을 위해 출동한 전투 경찰들의 가슴에 꽃을 달아주면서 평화적 민주화를 기원했습니다. '데모를 하는 딸도 내 딸, 그걸 막는 전경도 내 아들이니 부디 평화적으로 민주화를 이루어 내자'는 염원이 담긴 꽃이었습니다.

우리 나라 민주주의의 역사에 대해 알려주세요

민주 정치가 제대로 이루어지고 있는지 아닌지를 알려면 다음의 세 가지를 보면 됩니다. 첫째 선거가 공정하게 주기적으로 치러지고 있는가. 둘째 삼권 분립에 입각해 권력 기관간 상호 견제가 잘 이루어지고 있는가. 셋째 언론이 자유롭고, 시민들의 정치 참여가 자유롭게 이루어지고 있는가입니다.

이러한 세 가지 기준으로 보면 우리 나라에서 민주주의가 제대로 구현된 것은 1987년 이후부터라고 해도 될 것 같습니다. 그 전까지는 선거가 아예 없거나 있더라도 부정 선거가 판을 쳤고 삼권 분립도 제대로 안 됐으며, 언론의 자유도 심각하게 제한받았기 때문입니다.

4·19 혁명

민주주의를 향한 전진은 1960년 4·19혁명을 기점으로 시작됐습니다. 당시 집권 세력은 이승만 대통령이 노쇠해 언제 대통령 유고(有故) 사태가 발생할지 모른다는 걱정을 하고 있었습니다. 이승만 대통령의 나이가 이미 80대 중반에 접어들었으니 그럴 만도 했지요. 당시 법에 의하면 대통령 유고 시 대통령직을 이어받을 사람은 부통령이었습니다. 그래서 1960년 3월 15일의 정·부통령 선거는 대통령이 아니라 누가 부통령이 되느냐에 관심이 집중된 선거였습니다.

당시 집권하고 있던 자유당은 이기붕을 부통령 후보로 내세웠는데 이 사람은 자신의 아들을 이승만의 양자로 들여보낼 정도로 충성스런 부하였습니다. 그러나 워낙 그 능력과 인품에 대한 비판 여론이 높아서 대부분의 국민들은 이 사람을 반대하고 있었지요. 이렇게 되자 자유당 독재 정부는 이기붕을 부통령에 당선시키기 위해 온갖 부정을 저질렀습니다. 대리 투표 하기, 투표 함 바꿔치기에 개표 결과 조작까지, 전국의 투표장은 일시에 이기붕을 부통령으로 만들기 위한 부정 투표장이 되고 말았습니다.

이전까지와는 그 규모와 성격이 확연히 다른 조직적 범죄였던 3·15 부정 선거에 대한 최초의 항의는 학생들로부터 터져나왔습니다. 마산의 고등학생들이 3·15 부정 선거 무효를 주장하며 시위를 벌였던 것입니다. 그런데 이 시위가 있은 며칠 후 마산 앞바다에 한 학생의 시체가 떠올랐습니다. 눈에 경찰이 쏜 최루탄이 박힌 채 숨진 이 학생의 이름은 김주열이었습니다. 전라도가 고향이었던 김주열은 마산에 유학와 공부하다 3·15 부정 선거 규탄 시위에 참가했고 경찰의 무자비한 진압에 저항하다가 최루탄을 얼굴에 맞고 숨진 것입니다. 이 소식이 전해지자 전국의 청년, 학생, 지식인들이 들불처럼 3·15 부정 선거 무효화 투쟁에 나섰습니다. 1960년 4월 18일에는 고려대 학생들이 가두 시위를 하던 중 정치 폭력배들의 습격을 받아 다수의 학생들이 다치는 사건이 발생했습니다. 김주열의 사망에 이어 고려대 학생들의 부상 소식까지 전해지자 서울의 전 대학과 고등학교가 술렁거렸고 마침내 4월 19일 전국적으로 이승만 독재 정권 타도를 내세운 학생 시민 혁명이 발발했습니다.

4·19 혁명은 수백 명의 사상자를 낸 끝에 4월 26일 이승만 대통령의 하야 선언으로 막을 내렸습니다. 시위의 발단이 되었던 이기붕 일가는 자살로 생을 마감했습니다.

5·16 쿠데타와 유신 정권

1960년 4·19 혁명으로 집권한 민주당 정부는 1년도 채 안 돼 무너졌습니다. 김종필 등 소장파 정치 군인들이 박정희를 내세워 쿠데타를 일으켰던 것이지요. 1961년 5·16 쿠데타로 집권한 박정희 대통령은 강력한 독재 통치에도 불구하고 1971년 대통령 선거에서 고전 끝에 간신히 이겼습니다. 그 직후인 1972년 박정희 대통령은 대통령 직선제를 대통령 간선제로 바꾸는 것을 골자로 하는 10월 유신을 단행했습니다. 이로 인해 우리 나라에는 국민이 직접 투표하는 대통령 선거가 없어졌었습니다. 통일주체 국민회의라는 어용 단체가 자기들끼리 체육관에 모여 대통령을 뽑았지요. 또 국회의원 3분의 1을 대통령이 임명했습니다. 대통령은 아무 때나 국회를 해산할 수도 있게 되었구요.

　유신 독재 정권은 양심에 따라 재판을 하려던 판사들을 무더기로 해임하고 정보 기관에 끌고가 협박했습니다. 이를 '사법 파동' 이라고 합니다. 그후로 사법부는 한참 동안 독립적인 재판을 하지 못했지요. 유신 독재 정권은 자유롭게 신문을 만들거나 방송을 하지도 못하게 했습니다. 정보 기관이 일일이 신문 기사를 검열했고, 말을 잘 안 듣는 언론사는 기업들에게 압력을 넣어 광고를 싣지 못하게 해서 경영에 심각한 타격을 주기도 했습니다.

　이것도 모자라 유신 정권은 '대통령 긴급 조치' 를 발동해 공포 분위기에서 국민을 통치하려 했습니다. 유신 정권에 반대하는 어떠한 행동도 체제 위협으로 간주돼 탄압받았습니다. 생존권을 위한 노동자들의 행동도 야당의 정부 비판도 모두 원천 봉쇄되었습니다. 유신 정권은 야당 지도자였던 김대중, 김영삼 두 사람에 대해서도 감시를 게을리하지 않았습니다. "한국에는 민주주의가 없다. 미국은 야당과 민주세력을 도와 한국을 민주화시켜야 한다"는 내용으로 외국 언론사와 인터뷰했다는 이유로 제1야당의 총재를 국회에서 제적해 의원직을 박탈하기까지 했습니다.

전두환의 쿠데타와 1980년 5월 광주 민주화 운동

유신 정권의 거듭된 공포 정치와 야당 탄압, 그리고 노동자, 서민들에 대한 강압적 통제 정책은 마침내 국민들의 거센 저항을 불러일으켰습니다. 1979년 10월 부산과 마산에서 대규모 반독재 시위가 발생했습니다. 학생들의 민주화 시위로 시작된 부마 항쟁은 점차 부산, 마산 지역의 도시 서민들과 노동자들의 반독재 시위로 확산되었습니다. 그러나 유신 정권은 이 지역에 군대를 동원하고 위수령을 발동하는 것으로 맞섰습니다.

유신 정권과 국민들 사이에 일촉즉발의 긴장 관계가 만들어졌습니다. 이렇게 되자 유신 정권 내부에서는 부산과 마산의 시위 사태에 대한 대응책을 둘러싸고 온건파와 강경파로 나눠져 갈등이 벌어졌습니다. 강경파는 5 · 16 쿠데타와 유신 정변 때처럼 다시 군대를 동원해서라도 부산, 마산 시위를 진압하자는 것이었습니다. 반면에 온건파는 이번에도 군대를 동원하면 엄청난 희생이 날 수밖에 없으니 국민의 민주화 요구를 수용해 점진적으로 변화해야 한다고 주장했습니다.

1979년 10월 26일 밤 온건파였던 김재규 중앙정보부장은 박정희 대통령과, 강경파를 이끌던 차지철 경호실장을 암살했습니다. 10 · 26 정변이 발생한 것입니다. 이로써 18년간의 박정희 군사독재 정권은 종말을 고했고, 우리 나라는 민주화의 봄을 맞이하게 되었습니다.

1980년 서울의 봄이 바로 그것입니다. 김대중, 김영삼을 비롯해 그동안 정치 활동이 금지되었던 정치인들이 활동을 재개했고 학생, 비판적 지식인, 종교인 등 그동안 유신 체제에 반대해 싸웠던 민주화 세력도 민주정부 건설을 위해 다양한 주장을 내걸고 움직였습니다. 바야흐로 민주화의 봄이 활짝 열리는 듯 보였습니다. 그러나 1979년 12월의 어느 날 밤, 막 다시 찾아온 민주주주의 봄을 짓밟고 질식시킬 새로운 음모가 진행되고 있었습니다. 전두환·노태우 세력이 전격적으로 단행한 12·12 쿠데타가 바로 그것이었습니다.

12·12 쿠데타를 감행해 실권을 틀어쥔 전두환과 노태우는 박정희가 키운 군내 사조직인 '하나회'의 리더들이었습니다. 이들은 박정희가 암살당하고 민주화의 봄이 찾아오자 머지않아 박정희 추종자였던 자신들에게도 화가 미칠 것을 염려해 아예 먼저 공격을 하기로 모의했습니다.

이들 신군부 세력은 12·12 쿠데타로 군부 내 실권을 장악한 후 김영삼, 김대중과 종교인, 지식인들이 이끌던 민주화를 저지하고 군부 독재 시절로 되돌아가기 위해 전쟁에서 작전을 짜듯 치밀하게 정권 장악에 나섰습니다. 이에 대해 민주화 세력은 1980년 3월 신학기를 계기로 대학가에서부터 신군부에 대한 항의 시위를 전개했습니다.

항의 시위는 4월을 지나 5월 초순 절정에 달했습니다. 이에 따라 신군부의 대응도 더욱 폭력적으로 바뀌고 민주화 세력과 신군부 간에는 일촉즉발의 위기가 조성됐습니다. 이렇게 되자 김대중, 김영삼이 이끄는 야당은 양측에게 자제를 요청하면서 어떻게든 민주화를 평화적으로 이루어내자고 호소했습니다. 그러나 신군부는 이미 이 모든 상황을 폭력으로 정리하려고 결심을 굳힌 상태였습니다.

1980년 5월 17일 신군부는 전국에 비상계엄을 발동하고 김대중을 내란죄로 체포하고 김영삼을 가택에 연금했습니다. 이와 동시에 국회와 정부 기관 그리고 전국의 대학교에 군대를 투입해 일체의 집회를 금지했습니다.

20년 전인 1961년 5·16 쿠데타를 그대로 본딴 신군부의 5·17 쿠데타로 전국은 한순간에 얼음처럼 얼어붙었습니다. 그러나 광주만은 예외였습니다. 비상계엄이 발동되어 군인들이 주둔해 있었음에도 불구하고 전남대 학생들을 비롯한 광주의 청년 지식인들은 김대중의 체포와 신군부의 불법적인 정권 찬탈에 강력하게 항의했습니다. 계엄령 하에서의 시위는 시위대와 계엄군 간의 물리적 충돌을 불렀고 양측에서 부상자들이 속출하게 되었습니다.

시간이 갈수록 불어난 시위대는 마침내 광주 전역을 장악했고 계엄군은 광주를 외곽에서 포위하였습니다. '5·18 광주 민주화 운동'이 시작된 것입니다.

시민군은 지도부를 구성해 계엄군이 철수한 광주의 치안과 안전을 유지하는 한편, 신군부에 대해 사태의 평화적 해결을 위한 협상을 요청했습니다. '신군부의 퇴진과 군으로의 복귀 및 민주화의 추진'이 이들이 내건 요구였습니다. 그러나 이에 대한 신군부의 대답은 단 하나, '무조건 항복하라'였습니다. 광주 시민들을 희생양으로 삼아 자신들의 불법적인 권력 탈취를 정당화하려는 계획을 세우고 있던 신군부는 계획대로 1980년 5월 27일 새벽, 광주를 기습 공격해 시민군의 지휘부를 비롯한 191명의 시민을 학살하였습니다. 이로써 10일 간 계속된 광주 민주 항쟁은 막을 내리고 신군부의 철권 통치가 시작되었습니다.

6월 민주 항쟁

유신 독재 정권의 뒤를 이어 등장한 전두환 정권은 한층 더 심하게 독재를 했습니다. 신문사, 방송국이 아예 폐쇄됐고 수천 명의 언론인들, 공무원들이 해직됐습니다. 수만 명의 무고한 시민들이 '삼청 교육'이라는 명목하에 불법으로 군에 끌려가 혹독한 훈련을 받았습니다. 전두환 정권은 '국가보위 입법회의'라는 임의 기구를 설치하여 여기서 법도 만들고 정치인들도 규제하는 등 모든 것을 다 했습니다. 지금은 상상조차 할 수 없는 불법·무법 천지가 불과 20~30년 전 우리나라의 정치 상황이었습니다.

1985년이 되자 서슬 퍼렇던 전두환 정권의 철권 통치도 기세가 꺾이기 시작했습니다. 그 해 총선거에서 신한민주당은 창당된 지 불과 두 달여 만에 신군부가 뒤에서 조정하던 어용 야당 민한당을 단숨에 물리치고 89석을 확보하여 제1야당이 되었습니다. 이렇게 되자 그동안 전두환 정권의 철권 강압 통치에 숨죽이고 있던 언론과 국민들도 민주주의 회복을 외치며 좀더 적극적인 행동에 나섰습니다.

1986년 5월 3일 인천에서는 학생, 노동자, 시민들이 모여 신군부의 폭압 정치를 규탄하고 대통령 직선제 개헌을 주장했습니다. 이에 대해 전두환 정권은 더 강한 폭력 통치로 대응했습니다. 시위 주동자들에 대한 경찰의 수배 조치가 수도 없이 내려졌고 시위 주동자의 가족들에 대한 압박도 더욱 심해졌습니다. 그 와중에 박종철 고문 치사 사건이 발생했습니다.

경찰이 시위 주동자를 잡기 위해 서울대생 박종철 군을 물고문하다가 죽인 사건이었습니다. 경찰은 고문 사실을 은폐하기 위해 "책상을

'탁' 치니 박종철 군이 '억' 하고 죽었다"고 발표했습니다. 경찰의 터무니없는 이 발표 때문에 더욱 격앙된 시민들은 시위를 벌였고, 마침내 부검에 참여했던 의사의 양심 선언이 이어졌습니다. 전두환 정권은 뒤늦게 박종철에 대한 고문 사실을 시인했지만 박종철 고문 치사 사건으로 시작된 민주화 시위는 이미 국민 전체에게 확산되어 마침내 1987년 6월 민주 항쟁으로 폭발하였습니다.

 어머니들은 시위대 진압을 위해 출동한 전투 경찰들의 가슴에 꽃을 달아주면서 평화적 민주화를 기원했습니다. '데모를 하는 딸도 내 딸, 그걸 막는 전경도 내 아들이니 부디 평화적으로 민주화를 이루어 내자' 는 염원이 담긴 꽃이었습니다.

6월 민주 항쟁이 전개되자 신군부는 또 다시 온건파와 강경파로 나뉘었습니다. 온건파는 양보를 해서 점진적으로 민주화를 수용하자는 것이었고, 강경파는 여기서 밀리면 끝이니 군대를 동원해서라도 버티자는 것이었지요. 그러나 200만 명 이상이 전국에서 동시에 시위에 참가한 6월 18일의 집회를 기점으로 신군부는 아무리 군대를 동원해도 민주화 흐름을 막을 수는 없겠다는 결론을 내리고, 6·29 선언이라는 양보 정책을 택했습니다. 대통령 직선제 개헌을 받아들이기로 한 것이죠.

실질적 민주주의

1987년 6·29 선언으로 6월 민주 항쟁은 국민의 승리로 끝났습니다. 국민의 염원인 대통령 직선제를 쟁취했던 것입니다. 동시에 6·29 선언은 신군부가 정치적으로 양보함으로써 자신들의 정치 생명을 연장하기 위한 불가피한 선택이기도 했습니다. 신군부의 이러한 시도는 김영삼, 김대중 두 야당 지도자의 분열에 힘입어 결국 노태우의 재집권으로 이어졌습니다. 신군부는 그들의 정치 생명을 5년간 연장하는 데 성공했습니다. 그러나 민주화를 향한 거대한 역사적 흐름은 누구도 거스를 수 없는 대세가 되었습니다. 많은 우여곡절을 겪기는 했지만 김영삼 문민 정부, 김대중 국민의 정부를 거쳐 노무현 참여 정부에 이르기까지 민주주의는 그 내용을 더욱 심화, 발전시켜 오고 있는 것입니다.

이제는 누구도 선거를 마음대로 없애지 못합니다. 또 아무도 삼권을 독점하겠다는 야욕을 부리지 못합니다. 언론의 자유와 시민들의 정치 참여는 누구도 막을 수 없습니다. 이 모든 것이 국민들이 목숨을 걸고 독재 정권과 싸웠던 1987년 6월 민주 항쟁의 결과인 것입니다.

우리 나라의 민주화는 1980년대 전 세계에 불어닥친 민주화에서도 선도적인 역할을 감당하였습니다. 민주화의 전 과정이 시종일관 평화적인 집회와 시위로 이루어졌다는 점, 경제 성장과 민주화를 동시에 성공적으로 이루어내고 있다는 점, 독재 세력의 정치적 양보를 받아내면서 그들을 정치적으로 배제해가는 세련된 정치력을 보여주었다는 점 등에서 우리 나라의 민주화는 세계 정치 발전의 중요한 사례로 기록되고 있는 것입니다.

그렇다면 우리는 진정 완전한 민주주의를 누리고 있는 걸까요? 선거, 삼권 분립, 언론 자유와 정치 참여는 민주주의의 생명과 같은 것이지만 과연 이것만으로 민주주의가 완전히 실현되었다고 할 수 있을까요? 지금까지의 민주주의가 절차적 민주주의였다면 이를 통해 궁극적으로 실현하고자 하는 민주주의의 내용이 있지 않을까요? '실질적 민주주의' 말입니다.

형식적, 절차적 민주주의가 정착되었다면 그 다음 단계는 실질적 민주주의 단계입니다. 사회적 소수자가 존중받고, 경제 정의가 이루어지고 문화적으로 성숙해서 모든 국민이 높은 수준의 민주주의를 향유하는 단계가 되어야 실질적 민주주의라고 할 수 있습니다. 우리는 형식적, 절차적 민주주의를 공고히 하는 동시에 실질적, 내용적 민주주의를 구현하기 위해 준비하고 행동해야 하는 시점에 서 있습니다.

실질적 민주주의를 구현함으로써 민주 선진 국가로 나아갈 것인지, 여기에 머물러 형식적으로는 민주주의이나 내용상으로는 비민주적인 후진국으로 다시 후퇴할 것인지 선택의 기로에 서 있는 것입니다.

형식적으로는 1948년 대한민국정부 수립과 동시에 민주주의가 시작되었단다. 정기적인 선거, 삼권 분립, 기본권 보장 등이 실현된 관점에서 보면 말이지. 그러나 실질적으로는 1987년 6월 민주 항쟁 이전까지는 민주주의였다고 할 수 없단다. 선거가 제대로 치러지지도 않았고 그나마도 금권, 관권 부정 선거였단다. 삼권 분립도 말뿐이었고 기본권은 사치였어. 1987년 6월 민주 항쟁의 결과 비로소 정기적인 선거, 삼권 분립, 기본권 실현 등 민주주의의 기본 요건들이 충족되었단다.

그러나 이렇게 한번 시작되었다 해서 자동적으로 민주주의가 발전되는 것은 결코 아니란다. 민주주의라는 나무는 일단 큰 나무가 되면 어떤 폭풍우도 견뎌내는 힘을 발휘하지만 새싹일 때는 햇볕이 조금만 강해도, 물이 조금만 부족해도 시들어버리고 마는 키우기 어려운 나무와 같단다. 1987년 민주 항쟁 이후로도 벌써 20년이 지났으니 우리 나라의 민주주의도 이제는 묘목 단계를 지나 중간 키의 나무로 성장했다고 할 수 있단다. 웬만한 바람에는 넘어가지 않을 만큼 컸다고 할 수도 있을 거야. 그러나 폭풍우가 몰아쳐도 견뎌낼 수 있을지는 아직 모른단다. 이만큼 컸으니 알아서 크겠지 하는 순간 다시 시들어버릴지도 모르는 거란다. 어떤 비바람도 견디고 어떤 폭풍우에도 흔들리지 않는 거목으로 키우기 위해서는 우리 모두의 사랑과 관심이 절대적으로 필요하단다.

　국민의 생명과 재산 안전을 지켜주는 것도 국가고, 도로를 건설하고 다리를 놓는 일도 국가가 한단다. 국민의 건강과 노후 생활을 보살펴주는 것도 국가가 하는 중요한 일이지. 그렇다면 국가는 무슨 돈으로 이 많은 일을 할까? 바로 국민이 내는 세금이란다. 말하자면 근대 이후 우리는 세금을 내서 국가로 하여금 국민을 보살피도록 하고 있는 거지.

　이처럼 국가는 중요한 일을 하기 때문에 우리는 국가를 소중히 하고 사랑해야 해. 지금의 나뿐만 아니라 우리의 삶과 문화, 역사를 있게 해주기 때문에 자긍심을 가져야 하는 거야. 하지만 이것은 국가에 대한 '무조건적인 충성'과는 다르단다. 그러나 국가도 사람이 운영하기 때문에 때로 잘못을 범할 수 있어. 예를 들어 볼까. 1930년대 독일과 이탈리아, 일본은 국가가 앞장서서 민주주의를 파괴하고 전쟁을 일으켜 수많은 사람들을 죽음으로 내몰았단다. 그때 독일, 이탈리아, 일본에서는 민주주의와 인권을 소중히 생각하는 사람들이 잘못된 일을 저지르고 있는 국가에 저항해 투쟁했지. 이렇듯 국가가 잘못된 길을 갈 때는 올바른 길을 갈 수 있도록 싸우는 것이 올바른 나라 사랑이라고 할 수 있지 않겠어?

　애국심은 소중한 마음이지만, 이것이 지나쳐서 무조건적이고 배타적인 애국심으로 나타나서는 곤란하단다. 인간에게는 국가나 애국보다 자유, 평등, 인권, 박애 같은 인류 보편의 가치가 우선한단다. 특히 다양한 문화와 인종이 함께 모여 생활하는 지구촌 시대에 상대의 문화와 인종에 대해 존중하고 더불어 살아갈 수 있는 성숙한 자세가 매우 중요하다는 사실은 몇 번을 강조해도 변함이 없는 거겠지. 인격적으로, 문화적으로 성숙한 사람만이 올바른 애국심으로 국가를 사랑할 수 있는 거란다.

10 정당과 시민 단체, 지방 자치에 대해 알려주세요

민주주의 사회는 삼권이 분립된 사회라고 합니다. 입법부, 행정부, 사법부가 그것이지요. 여기에 언론의 중요성을 감안하여 통상 언론을 '제4부'라고 합니다. 이런 문제 의식을 확대해 시민 단체를 '제5부'라고 불러도 좋지 않을까요. 그만큼 시민 단체의 역할이 중요하기 때문입니다.

정당과 시민 단체, 지방 자치에 대해 알려주세요

정당은 정치의 기본 단위입니다. 미국의 민주당과 공화당은 할아버지, 아버지 대에서부터 대대로 지지하는 사람들에 의해 유지되어 왔습니다. 정치인은 사라져도 정당은 남는 거죠. 이런 나라에서 정당의 역사는 곧 정치의 역사라고 할 수 있습니다.

정치의 기본 단위, 정당

정당은 생각이 같은 사람들끼리 자발적으로 모인 정치 결사체입니다. 다시 말해 정당은 첫째, 이념과 정책이 같은 사람들이 모인다. 둘째, 자발적으로 모인다. 셋째, 정치 행동을 한다는 특징을 가지고 있습니다. 정치 행동의 궁극적 형태는 물론 정권을 잡는 거지요. 그러나 정권을 잡지 못한 경우에도 정당은 다음 선거에서 정권을 잡기 위해 준비도 해야 하고, 여당의 일방적인 독주도 견제하고 정부의 행정도 감시하는 등의 많은 임무를 감당해야 합니다.

그렇다면 정당은 집권을 위해 무엇을 해야 할까요. 첫째는 좋은 정책을 많이 개발해야 합니다. 정책 개발보다 지역 감정을 부추기거나 정부 여당을 정략적으로 공격하는 것이 정권을 잡는데 더 유리할 때가 있을지도 모릅니다. 그러나 이런 방향으로 가는 순간 정당은 더 이상 정당으로 존재하기 어렵습니다. 정당의 탈을 쓴 패거리 집단으로 전락하는 것입니다. 왜냐하면 정당이란 어디까지나 이념과 정책, 즉 생각이 같은 사람들의 모임이지 고향이 같은 향우회나 이해관계가 같은 이익 단체는 아니기 때문입니다.

둘째는 지지 기반을 확대하는 겁니다. 이를 위해서는 우선 국민의 소리를 잘 듣고 이를 정책과 정치 활동에 반영하는 노력을 지속적으로 해야 합니다. 입장을 바꿔 생각하면 이 문제는 간단하게 해결됩니다. 국민은 왜 어떤 정당을 지지할까요? 그 정당이 자신과 생각이 같거나 자기 얘기를 잘 들어주고 그것을 국가 정책에 반영하기 위해 노력할 때 지지하게 됩니다. 다시 말해 정당이 지지 기반을 확보하는 가장 쉬운 방법은 국민의 뜻대로 움직이는 것입니다.

정당 정치의 뿌리가 깊지 못한 후진국에서는 이름은 정당이지만 사실은 이해관계에 따라 모인 일종의 패거리 집단과 같은 정당들이 많이 있습니다. 패거리 집단의 특징은 자신들의 개인적 이해관계에 따라 움직인다는 것입니다. 그러니까 선거에 내보낼 후보를 공천할 때도 후보의 역량을 보는 것이 아니라 나랑 가까우냐 아니냐를 보고 결정하는 것이죠. 문제는 이처럼 정당으로서 기본 요건도 갖추지 못한 패거리 정당들끼리 경쟁을 하다보면 민주적인 정치 경쟁이 잘 이루어지지 않는다는 것입니다. 정치 시장에 서로 좋은 상품을 내놓고 국민을 상대로 마케팅하는 것이 정당 정치인데 패거리 정당들은 상품 개발이나 마케팅은 뒷전이고 서로 자리다툼이나 하기 일쑤니까요.

상징적인 표현으로 '자리다툼'이라는 말을 썼습니다만 정치에서는 실제로 자리다툼을 하기도 합니다. 선거구를 획정할 때 자신에게 유리하게 하려고 싸움을 하는 거죠. 그래서 어떤 경우는 한 마을이 다른 선거구로 갈리기도 하고 선거구 한 가운데 다른 선거구가 들어오기도 합니다. 이것을 게리맨더링(gerrymandering)이라고 하는데요, 정당이 정책 경쟁은 뒷전이고 오로지 자리다툼이나 할 때 전형적으로 나타나는 현상입니다.

이렇게 정당이 제 역할을 못할 때는 누군가가 그것을 대신할 수밖에 없겠지요? 대부분의 경우 시민 단체가 그 역할을 해왔습니다. 독일의 녹색당도 처음에는 환경 단체 활동을 하다가 아예 정당으로 변신한 경우입니다. 우리 나라도 시민 단체의 역할이 상당히 큽니다. 그만큼 우리 나라 정당들이 아직 정당 본연의 모습을 제대로 갖추지 못하고 있다는 얘기도 되겠죠. 우리 나라 정당들은 여야 간 정책 차이가 그렇게 크지 않은데, 이런 상황에서는 시민 단체의 활동이 더욱 중요하게 됩니다.

정당이 제 역할을 못해 시민 단체가 대신하는 이런 비정상적인 상태는 민주주의가 정착되는 과정에서 일시적으로 나타날 수 있습니다. 바람직한 것은 아니지만 어느 정도 불가피한 과도기적 과정이라고 할 수 있는 겁니다. 그러나 이런 상태가 오래 가고, 자꾸 되풀이되는 것은 정당에게나 시민 단체에게나 결코 바람직스럽지 않습니다.

이런 상태가 오래가면 정당에 대한 국민의 신뢰가 쌓이질 않습니다. 국민은 정당 참여를 기피하겠죠. "악화가 양화를 구축한다"는 말이 있듯이 정당에 좋은 사람은 안 가고 좋지 않은 사람, 능력 없는 사람, 자기 이익이나 밝히는 사람들만 모이게 되는 것입니다. 그 결과 정당과 국민은 완전히 따로 놀게 됩니다. 이 악순환의 결과는 매우 심각합니다. 그 사회의 가장 무능하고 이기적인 집단에게 그 사회의 미래를 맡기는 꼴이 되기 때문입니다.

앞서 말한 대로 이런 상태가 계속되면 시민 단체들이 나서게 되지요. 우선은 반갑고 고마운 일입니다. 그러나 시민 단체가 문제 제기를 넘어 마치 핵심적인 정치 단위처럼 활동하게 되면, 정치와 시민 사회 간의 경계가 허물어지고 시민 단체의 '과잉 정치화'가 발생하게 됩니다. 이 결과 역시 매우 심각합니다. 문제를 객관적으로 제기하고 사회의 경각심을 일깨우는 역할을 해야 할 시민 단체가 문제 해결자를 자임하는 꼴이 되니 사회 전체적으로 볼 때 역할의 전도로 인한 기능 장애가 발생할 수 있습니다.

정당의 역할은 정당이 하는 것이 좋습니다. 시민 단체는 사회의 소금으로서 고유한 역할이 따로 있지요. 시민 단체가 일시적으로 정당을 대신할 수는 있지만, 그런 과도기는 짧으면 짧을수록 좋을 것입니다.

정당이 자기 역할을 제대로 하면 정당 정치가 활성화되는데, 이때 정착되는 정당 정치 체제는 그 사회의 문화나 사회 계층의 조직 정도 등에 따라 다당제(多黨制)가 되기도 하고 양당제(兩黨制)가 되기도 합니다. 다당제는 사회 계층의 조직 정도가 높고, 역사가 오래된 유럽에서 많이 나타나고 있습니다. 전통적으로 노동자들의 지지를 많이 받는 사회 민주당, 기업인이나 농민 등 보수적인 사람들의 지지를 많이 받아 온 보수당이나 기독교 민주당, 여기에 정통 공산주의 이념을 주장하는 공산당, 환경을 중시하는 녹색당, 그리고 민족주의 성향을 강하게 띠는 극우 정당 등 여러 개의 정당들이 경쟁을 하지요. 그렇기 때문에 유럽 대부분의 나라에서는 어느 한 정당이 과반수를 차지하기 힘듭니다. 더구나 권력 구조도 내각 책임제이기 때문에 어느 한 정당이 독립적으로 국가를 경영하지 못하고 여러 당이 연합해서 집권하는 연립 정부가 나타날 가능성이 높습니다.

프랑스 같은 이원 집정부제에서는 대통령을 사민당이, 내각 수상은 기민당이 차지하는 이른바 '좌·우 동거 정부'도 나타났습니다. 이렇게 되면 대통령과 수상이, 또는 연립 정부를 구성한 정당들끼리 사사건건 싸우게 되지는 않을까 걱정되지요. 그러나 유럽은 이와 같은 다당제 하의 내각 책임제 정치를 오랫동안 운영해왔고 그 과정에서 많은 경험을 축적했기 때문에 대통령과 수상이 싸우거나, 연립 정부를 구성하고 있는 공동 여당끼리 서로 싸워서 정치가 불안정해지는 경우는 극히 드물다고 할 수 있습니다. 개별 정책에서는 입장이 달라도 국민을 위한 정치라는 관점은 같기 때문입니다.

한편 미국이나 남미, 아시아 등 대통령 중심제를 택하고 있는 나라들에서는 양당제가 우세하다고 할 수 있습니다. 이들 나라에서는 아무래도 대통령이 중심이니 대통령을 배출한 여당과 그렇지 않은 야당으로 나뉘는 게 자연스러운 것일 겁니다. 이러다 보니 여당과 야당 간에 정책이나 이념의 차이가 그렇게 크지 않은 경우도 생깁니다. 우리 나라도 크게 보면 양당제 정당 구조라고 할 수 있는데, 여당과 야당이 모두 보수적이라 해서 보수 양당제라는 말을 쓰는 것도 이 같은 사정 때문입니다.

양당제 정당 구조의 경우 '보수 대 진보' 양당제가 이론상 바람직하다는 점은 모두들 인정하는 사실입니다. 새도 오른쪽 날개(우익)와 왼

쪽 날개(좌익) 두개로 날듯 사회도 우익과 좌익이 균형을 맞춰야 제대로 발전할 수 있고, 바로 그 우익과 좌익을 대표하는 보수 정당과 진보 정당의 양당제 정당 구조가 원활하게 작동될 때 정치 발전도 이뤄지지 않겠느냐는 겁니다.

우리 나라도 1980년대 이후 민주주의가 정착되고 냉전 시대의 이분법적 흑백 논리가 많이 사라짐으로써 진보를 내세운 정치 세력들이 공개적으로 활동하게 되었지만, 보수, 진보 양당제 구조를 만들어낼 만큼 진전되지는 못했습니다. 물론 정당들 간의 경쟁도 점차 정책 중심 경쟁으로 되어가고 있고, 지역주의나 연고주의 같은 전근대적 유습들도 개선되고 있어서 조만간 건강한 양당 경쟁 구조가 만들어지지 않겠는가 하는 희망을 갖게 하고 있습니다.

건강한 양당제 구조가 되려면 양당을 열심히 지지하고 후원하는 국민 참여가 꼭 있어야 한다는 점, 다시 강조하지 않아도 다 잘 알고 있겠지요?

중앙보다 지방이 우선한다

중앙이 먼저냐 지방이 먼저냐는 문제는 "닭이 먼저냐 달걀이 먼저냐" 하는 문제와 같아 보입니다. 그럼 정답이 없겠다구요? 그렇지 않습니다. 현대 생물학은 닭과 달걀 중에서 달걀이 먼저라고 말합니다. 최초의 생명 형태는 닭과 같은 완전체가 아니고 달걀과 같은 단세포일 수밖에 없다는 것이지요. 이런 맥락에서 보면 중앙과 지방 중에는 두 말할 것도 없이 지방이 먼저입니다. 역사적으로도 그렇고 논리적으로도 그렇지요. 역사적으로 보면, 최초에 중앙이 있다가 여러 개의 지방으로 쪼개진 것이 아니고, 지방이 여러 개 모여 있다가 가까운 지방끼리 큰 지방을 만들고, 큰 지방들이 모여 하나의 중앙이 만들어진 것입니다.

중세 봉건제는 전형적으로 '지방이 먼저' 인 질서입니다. 사실 중세에는 중앙이 아예 없었습니다. 지방만 있었죠. 지방 중에서 힘 있는 지방이 중앙의 역할을 겸임했던 것에 불과합니다. 독일은 수백 개의 지방 공국들이 연합한 나라에 불과했어요. 제대로 된 국가라고도 할 수 없는 상태였지요. 중앙이 중요해진 것은 근대로 들어오면서부터였습니다. 전쟁이 자주 일어나자 상비군을 유지하기 위해서 전국적인 규모로 세금을 걷어야 했습니다. 그래서 세금을 걷기 위한 전국적인 조직, 즉 중앙 집권적인 국가가 나타나게 되었던 겁니다.

근대 국가는 처음에는 도둑을 잡는 일과, 외국과 전쟁하는 일 등 최소한의 역할만 하는 '야경 국가' 에 머물러 있었습니다. 국가가 경제 정책을 세우고 사회 복지를 위해 노력하는 것은 꿈도 꿀 수 없었습니다. 그런 일을 위해 국가가 만들어진 게 아니었으니까 말이죠. 그러니까 이 당시 국가는 강하기는 했지만 작았습니다. 하는 일도 별로 없었고요.

20세기 접어들면서 국가가 다뤄야 할 일들이 많아졌습니다. 특히 사회적 소수자에 대한 복지 정책이 요구되면서 이전의 야경 국가를 넘어서 점점 더 많은 일을 해야만 되는 현대 복지 국가로 발전하게 되었습니다. 국민의 생활과 관련된 일이면 뭐든지 하는 것이 현대 복지 국가입니다. 그만큼 국가의 규모도 커지게 되었습니다.

이렇게 중앙이 커지자 지방은 점차 그 역할이 줄어들게 되었습니다. 그런데 바로 여기서 심각한 문제가 발생하게 되었죠. 국민들은 사실 일상생활을 중앙에서 하는 것이 아닙니다. 상하수도, 전기, 청소 등 일상생활과 관련된 대부분은 지방에서 이루어지는 겁니다. 서울 시민도 서울이라는 '중앙'에서 생활하는 것이 아니라, 서울시라는 '지방'에서 생활하는 것입니다. 일상생활을 하면서는 청와대 갈 일도 없고 국회 갈 일도 없습니다. 그보다는 주민센터나 시청에 자주 가지요. 그런데 중앙이 커질수록 지방이 위축되어 시민들의 일상적인 생활과 정부 기관 사이에 큰 간극이 생기게 된 것입니다.

시민들은 '내가 내는 세금으로 국가를 유지하는데 왜 내 삶에는 직접 도움이 안 되는가' 하는 문제를 제기하게 됐습니다. 그래서 지방을 다시 생각하게 됐어요. 중앙이 아무리 크고 강해도 본질적으로는 지방이 일시적으로 위임한 권력에 불과한 것 아니냐 하는 생각을 하게 된 겁니다. 지방이 중앙의 부속물이 아니라 오히려 중심이라는 생각, 중앙은 지방이 위임한 일을 일시적으로 대행하는 위임 기구에 불과하다는 생각을 하게 된 것이죠. 이것이 현대에 들어와서 다시 지방 자치가 전면으로 부각되고 중요성이 높아진 배경입니다.

지방 자치는 '민주주의의 기초'라고 합니다. 풀뿌리 민주주의라고도 하지요. 일상생활의 민주주의가 구현되는 곳이라는 뜻입니다. 그러므로 지방 자치가 잘 발전되지 않으면 국가 차원의 민주주의도 발전하기 어렵습니다. 뿌리 깊은 나무가 가뭄에도 튼튼하게 자라듯 지방 자치가 잘 발전된 나라만이 국가적인 어려움도 능히 극복할 힘을 가지고 있습니다.

또 지방 자치는 '민주주의의 학교'라고 합니다. 국민들이 민주적 정치 과정에 직접 참여하고 훈련받는 도장과 같은 곳이라는 의미입니다. 지방 자치 단체에서 다루는 문제들은 우리의 생활과 직결된 것들이 많기 때문에 그만큼 참여 의욕도 높아집니다.

지방 자치는 미래의 국가 지도자를 양성하는 학교이기도 합니다. 시와 군 단위에서 지도자로 활동하고 경험을 쌓음으로서 언젠가 국가 지도자가 되었을 때도 훌륭하게 역할을 할 수 있게 되는 것입니다.

지방 자치가 발전하기 위해서는 지방의 권한과 책임을 좀더 확대해야 합니다. 재정 자립이 가능하도록 중앙 정부의 지원도 더 있어야 되겠지요. 무엇보다도 우리 모두가 마을이나 지역에 있는 자치 단체의 활동에 관심을 갖고 적극적으로 참여하는 일이 중요합니다. 어린이가 부모의 사랑으로 크듯 지방 자치는 시민의 관심과 참여로 발전합니다. '참여'야말로 지방 자치의 생명수인 것입니다.

사회를 건강하게 하는 시민 단체

사회는 발전할수록 더 다원화됩니다. 발전한 사회는 그렇지 않은 사회보다 직업도 다양해지고 인간관계도 복잡해지는 거지요.

사회관계가 복잡해짐에 따라 이해관계도 복잡해집니다. 여기에서 다양하고 다원화된 이해관계를 대변하는 단체들이 필요하게 됩니다. 사회가 발전할수록 이익 단체와 시민 단체가 많아지는 이유입니다.

민주주의 사회는 삼권이 분립된 사회라고 합니다. 입법부, 행정부, 사법부가 그것이지요. 여기에 언론의 중요성을 감안하여 통상 언론을

'제4부'라고 합니다. 이런 문제 의식을 확대해 시민 단체를 '제5부'라고 불러도 좋지 않을까요. 그만큼 시민 단체의 역할이 중요하기 때문입니다. 일반적으로 시민 단체는 이익 단체, 공익 단체, 자원 봉사 단체의 세 가지로 나눕니다. 차례대로 살펴볼까요.

이익 단체는 단체 소속원들의 이익만을 대변합니다. 노동조합이나 무슨 무슨 협회 같은 것이 대표적인 이익 단체입니다. 그러니까 노동조합은 노동조합에 속해 있는 사람들의 이익을 대변하게 되는 거지요. 물론 이익 단체가 자신들의 주장의 설득력을 높이기 위해 공공의 문제를 내걸 때도 있습니다. 그러나 그것은 일시적인 것에 불과합니다. 이들 이익 단체 본래의 목표는 소속원들의 이해 관철에 있기 때문입니다.

이익 단체가 많이 생기는 것은 좋은 일입니다. 그만큼 우리 사회가 다원화되고 있다는 반증이니까요. 다만 어떤 경우에도 합법적이고 투명하게 활동해야 한다는 점은 강조되어야 할 것 같습니다. 자신들의 이해 관철이 공익과 조화를 이루기 위해서는 과정의 투명성이 매우 중요하기 때문입니다.

다음으로 살펴볼 것은 공익 단체입니다. 공익 단체는 사회의 공동선 구현을 목표로 결성된 다양한 단체들로 이루어집니다. 통일 문제, 경제 정의 문제, 환경 문제, 차별 철폐 운동 등 우리 사회가 안고 있는 거의 모든 문제 영역에서 공익적 시민 단체를 찾아볼 수 있습니다.

우리가 흔히 '시민 운동', '시민 단체'라 부르는 것이 바로 여기에 해당됩니다. 이들 시민 단체들은 처음에는 다양한 이슈들을 모두 포괄하려고 했습니다. YMCA, 경제정의실천 시민연합, 참여연대 같은 단체들이 모두 그러했죠. 그러나 시민 단체 활동의 성과도 상당히 쌓이고 정치적으로도 민주화가 제도적으로 정착되어가면서 시민 단체들도 점차 전문화되었습니다. 하나의 이슈를 깊이 있게 다루고 대안까지 제시하는 시민 단체들이 늘어난 것입니다. 전 세계적으로 영향력을 미치고 있는 그린피스(green peace) 같은 시민 단체는 지구의 환경 문제라는 하나의 이슈를 깊이 파고들고 있죠. 우리 나라의 시민 단체도 앞으로 이러한 방향으로 발전해나가야 할 것입니다.

시민 단체가 우리 사회의 건강성을 유지하는 데 결정적으로 중요한 역할을 한다면, 그 시민 단체를 위해 우리는 무엇을 해야 할까요. 우리가 시민 단체를 위해 할 수 있는 일은 후원과 참여입니다. 시민 단체는 많은 사람들이 모여서 일하지만, 정부나 기업으로부터 지원을 받는 것은 가급적 최소화하는 것이 필요합니다. 시민 단체는 NGO(non government organization), 즉 비정부 기구인데 정부로부터 지원을 받으면 독립성을 가지고 정부를 감시하기 어렵기 때문이지요.

기업과의 관계도 마찬가지입니다. 어떤 환경 단체가 기업으로부터 많은 후원을 받는다면 그 기업이 환경을 파괴했을 때 과연 당당하게 감시하고 비판하는 역할을 할 수 있을까요? 그래서 시민 단체에게는 정부와 기업 같은 힘 있는 곳의 지원보다는 일반 시민들의 후원이 더 소중하고 절실한 것입니다. 시민의 참여야말로 시민 단체를 키우는 일이자 우리 사회를 건강하게 만드는 밑거름입니다. 여러분도 용돈을 절약해 시민 단체에 기부해보세요. 바로 그 순간 여러분은 시민 단체의 주인이 되고, 우리 사회의 주인이 되고, 우리 나라의 주인이 되는 것입니다.

마지막으로 자원 봉사 단체가 있습니다. 자원 봉사 단체가 늘어난다는 것은 그만큼 사회적 관심과 관용이 생활화되고 있다는 뜻입니다. 미국인들은 1인당 평균 2, 3개의 자원 봉사 단체에서 활동을 한다고 하지요. 평균이 그러하니 성인들의 경우 적어도 3개 이상의 자원 봉사 단체에서 활동한다고 봐야겠죠. 이런 것이 바로 건강한 시민 의식을 보여주는 겁니다. 우리도 88 올림픽이나 2002 월드컵을 수많은 자원 봉사자들의 도움으로 훌륭하게 치러낸 경험이 있습니다. 또 예로부터 계나 두레처럼 마을의 일을 십시일반(十匙一飯)으로 협력해 처리해온 오랜 전통이 있지요. 이런 좋은 전통과 경험을 되살려 더 활발한 자원 봉사 활동과 시민 단체 활동이 이루어지도록 해야겠습니다.

자원 봉사 활동은 '다름'을 경험하는 것이고 '나눔'을 생활화하는 것입니다. 이를 통해 사회적 연대를 경험하고 책임 있는 사회 구성원으로서 자신의 위치를 자각하는 일이기도 합니다. 많은 학생들이 학교에서 실시하고 있는 자원 봉사 점수제를 건성으로 하고 있습니다. 그래서 이런 자원 봉사 활동이라면 차라리 안 하느니만 못하다는 비판 여론도 있죠. 자원 봉사를 억지로 하다보면 자원 봉사가 무언가 베푸는 일이라고 생각하게 되고 본뜻을 왜곡하기도 합니다. 자원 봉사는 외형적으로는 '도움을 주는 행위'일지 모르지만 실제로는 '새로운 세상에 눈을 뜨는 일'입니다. 자원 봉사 활동을 활성화함으로써 국민의 심성을 맑게 하고 수준 높은 문화를 만들어내는 일은 현대 국가의 매우 중요한 과제라 하겠습니다.

　조선 시대에도 지금의 여당, 야당과 같은 정당들이 있었어. 노론, 소론, 남인, 북인의 사색당파가 바로 그것이야.

　'일본 민족은 모이면 뭉치는데 조선 민족은 모이기만 하면 싸운다'는 식으로 한국인을 폄하해 식민지 지배를 정당화하려 했던 일본은 조선의 역사를 연구하면서 특히 이 사색당파 부분을 강조해 조선인의 분열적 특징을 강조하려 했단다. 참으로 우스운 일이 아닐 수 없지. 눈만 뜨면 싸우고 배신을 밥먹듯 했던 일본 전국 시대의 역사는 어떻게 설명하려고 그랬을까? 일본 사람들이 신처럼 숭앙하는 오다 노부나가(織田信長, 1534~1582)라는 장군은 부하한테 배신당해 불타 죽었어. 또 한 사람의 영웅인 도쿠가와 이에야스(德川家康, 1543~1616)는 어땠지? 자신이 주군으로 모시던 도요토미 히데요시(豊臣秀吉, 1536~1598)가 죽자 그 아들을 상대로 전쟁을 벌여 결국 아들을 죽이고 정권을 잡았단다. 일본 사람들은 배신과 음모가 난무했던 이 시대의 이야기를 소설, 영화, 드라마로 만들어 거기에 열광한단다. 그렇다고 일본인들의 민족적 특성을 '배신'이라고 할 수 있을까. 우리 민족의 특성이 분열이 아니듯이 일본 민족의 특성이 배신일 리가 없단다. 조선 시대 사색당파나 일본 전국 시대의 전쟁은 어느 나라, 어느 시대에나 있는 정치이자 권력 투쟁인 거란다.

　정치와 권력 투쟁이 있는 곳에는 집단이 있게 마련이야. 현대는 정당이 그 역할을 한단다. 그러니까 조선 시대 당파는 지금으로 치면 정당에 해당돼. 어떤 면에서 보면 지금의 정당보다 훨씬 더 정당다운 정당이었다고 할 수 있지. 왜냐고?

　정당은 같은 생각과 이념을 가진 사람들의 자발적 결사체라고 했지? 그러나 현대 정당들은 생각과 이념보다는 이해관계에 따라 모이고 흩어지는 경향이 강해.

반면에 조선 시대 당파들은 이념적 결사체로서의 성격이 매우 강했단다. 당시에는 권력 투쟁에서 지면 귀양을 가거나 사약을 받아 죽고, 심한 경우에는 일가족이 모두 죽거나 노비로 전락하기도 했단다. 그만큼 패배의 대가가 컸는데도 대다수 당파는 끝까지 자신들의 입장을 굽히지 않았어. 그것은 이들 당파가 대의명분을 중시하는 성리학을 사상적 기반으로 하고 있었기 때문이란다. 지금으로 보면 '대중 정당'이 아니라 일종의 '이념 정당'이었던 셈이야.

이 같은 지나친 이념성 때문에 제사를 1년으로 할 것인가 3년으로 할 것인가 하는 의례 문제로 사람들이 죽어나갈 만큼 공격적으로 싸우게 되었다는 비판도 있단다. 그러나 이 '복상 논쟁'은 왕의 정통성과 직결된 문제인 만큼 당시 당파들로서는 목숨을 걸고 싸울 수밖에 없는 문제이기도 했단다. 사색당파의 문제점은 그들의 치열한 투쟁 양상에 있었다기보다는 그런 치열한 명분 싸움을 백성들의 생활을 향상시키는 논쟁으로 승화시키지 못한 데 있다고 해야 할 거야. 과연 누구를 위한 당파냐 하는 거지. 민생 개혁을 앞세워 조선 후기에 등장한 실학파는 사색당파의 바로 이러한 한계를 극복하기 위해 대두되었던 새로운 사상 흐름이었다고 할 수 있단다.

　세계화는 지방화와 동시에 진행된단다. 이런 현상 때문에 세계화(globalization)와 지방화(localization)가 합쳐져 '세계-지방화(glocalization)'이라는 말이 만들어졌어. 세계화는 우리가 생각하고 생활하는 단위가 지구적 차원으로 확장되었다는 뜻이란다. 지방화는 우리 삶의 기본 단위인 지방이 독자적 영역으로 인정받고 발전해가고 있다는 의미이고. 이 둘이 합쳐지면 어떻게 될까. 삶의 기본 단위인 지방이 지구적 차원의 경쟁력을 갖춰 거기에서 생활하는 사람들의 삶의 질을 향상시켜나갈 수 있을 거야. 그런 의미에서 세계화의 진정한 주체는 국가가 아니라 지방이고 정부가 아니라 기업이며 집단이 아니라 개인인 거란다. 세계화 시대에 지방을 다시 주목하는 이유가 여기에 있단다.

　청와대에서 일하는 사람들은 크게 세 부류로 나뉜단다. 대통령을 정책적, 정치적으로 보좌하는 비서들과 청와대가 기능적으로 잘 움직이도록 하는 기술직, 그리고 경호실 직원들이 있지.

　기술직에는 대통령과 그 가족, 그리고 손님들을 위해 요리를 하는 요리사를 비롯해 보일러 기술자, 미용사, 운전기사, 정원사 같은 사람들이 있어. 모두 다 그 분야에서 우리 나라 최고의 실력을 가진 사람들이야.

　경호실 직원들은 대통령 경호법에 따라 청와대 안팎을 지키고 대통령을 보호하는 사람들이야. 경호실장의 지휘를 받지. 경호원들은 24시간 대통령과 행동을

함께 한단다. 대통령이 외국에 나갈 때도 같이 가. 이렇게 대통령과 밀착돼 행동하다 보니 예전에는 문제도 많았단다. 대통령의 힘을 빌려 경호 일이 아닌 다른 일 즉, 정치적인 일에도 간섭하고 그러다가 부패 사건에도 연루되고 했던 거야. 박정희 대통령의 암살도 경호실장이던 차지철과 중앙정보부장이던 김재규 사이의 권력 투쟁이 한 원인이었단다.

민주화된 지금은 경호실도 대통령 경호라는 본연의 임무에만 충실히 임하고 있어. 경호원은 자신의 몸이 최후의 방어 무기야. 대통령이 위험에 처했을 때 자신의 몸으로 대통령을 보호하는 것이 경호원의 임무란다. 언뜻 보면 화려하지만, 경호원의 일상은 참으로 힘들고 숨막히는 긴장의 연속이란다. 투철한 애국심과 직업의식이 없으면 감당하기 어려운 일이야.

마지막으로 대통령의 비서들이 있단다. 대통령의 비서는 대통령이 되기 전부터 대통령과 함께 정치를 했던 사람들도 있고, 공무원들 중에서 청와대에 파견돼서 대통령의 비서로 일하게 된 사람들도 있어. 정치를 함께 했던 비서들 중에는 변호사도 있고 대학교수도 있고 정치인도 있단다. 이들은 다른 직업을 갖고 있다가 대통령을 돕기 위해 일시적으로 일하고 있는 사람들이란다. 청와대 비서들은 국민의 소리를 듣고 정책을 개발하고 대통령과 정부의 일을 홍보하며 대통령의 국정 운영 방향에 맞춰 정부 부처 공무원들과 협력해 정책을 집행한단다. 우리 몸에 비유하자면 두뇌와 같은 역할을 하는 거란다.

대통령은 비서들과 함께 일한단다. 말 한 마디도 비서들이 여러 차례 준비하고 확인해야 비로소 대통령의 입을 통해 나온단다. 그만큼 영향력이 크기 때문이지. 이를 두고 어떤 대통령은 말 한마디도 자기 마음대로 못하는 청와대 생활을 '창살 없는 감옥'이라고까지 표현했어. 그만큼 어려운 것이 대통령 자리이고 대통령 역할이지.

'낙하산 인사'가 뭐예요?

'낙하산 인사'란 대통령이 어떤 사람을 정부 기관에 일방적으로 임명하는 것을 비판적으로 얘기할 때 쓰는 말이란다. 마치 낙하산을 타고 하늘에서 뚝 떨어지듯 인사가 이뤄졌다 해서 붙여진 말이야. 어느 기관이나 나름의 전문성이 있는 법인데 아무 관련 없는 사람이 어느 날 갑자기 책임자로 임명되면 비난이 제기될 수밖에 없겠지. 그런데 이 낙하산 인사 문제는 대통령의 '책임 정치'와 함께 생각해야 하는 문제야.

잘 알겠지만 우리 나라는 대통령 중심제를 채택하고 있어. 행정의 책임이 전적으로 대통령에게 있다는 얘기지. 그런데 대통령마다 나름의 철학과 국가 경영 방식이 있을 거야. 따라서 대통령은 자신의 국가 경영 방식과 통치 철학을 잘 이해하고 있는 사람을 중요한 기관의 장에 임명한단다. 국무총리나 장관은 물론이고 각 정부 기관의 책임자들까지 말이지. 그러다 보면 어떤 기관의 일을 잘 모르는 사람이 책임자로 임명될 때도 있단다. 그 기관을 개혁하기 위해 일부러 그 기관을 잘 모르는 사람을 임명할 수도 있고. 이런 것이 대통령의 책임 정치란다. 미국의 대통령은 이런 식으로 약 3만여 명의 기관 책임자를 임명한단다. 우리 나라는 대략 1만 5천 명 정도 된다고 해. '낙하산 인사'란 말은 결과적으로 이와 같은 대통령의 책임 정치를 흔드는 말이 될 수도 있단다.

어떤 인사이건 거기에는 능력과 품성, 지도력 등 납득할 만한 최소한의 요건을 구비할 필요가 있어. 이런 최소한의 요건도 갖추지 못한 채 막무가내로 위로부터 밀어붙이는 인사라면 '낙하산 인사'란 비판이 제기될 수도 있을 거야. 그러나 단순히 그 기관과 관련 없는 사람이라고 무조건 '낙하산 인사'로 규정하는 것은 그 기관의 발전을 위해서나 대통령의 책임 정치를 위해서나 바람직하지 않다고 할 수 있단다.

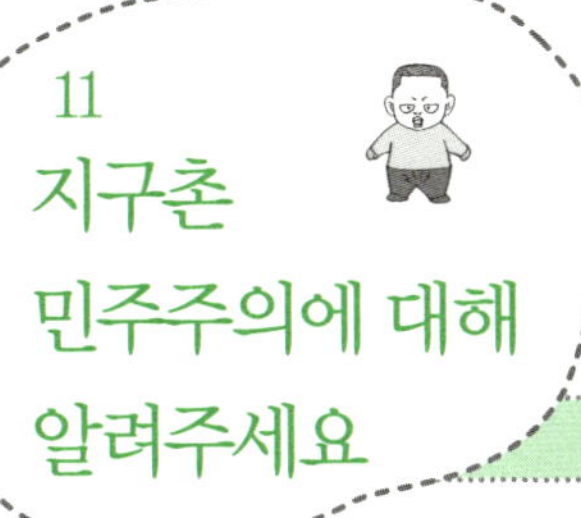

11
지구촌 민주주의에 대해 알려주세요

연약한 나비의 날갯짓이 수천 리 떨어진 곳에 비를 뿌린다면, 우리 한 사람 한 사람의 선택과 행동은 지구촌에 얼마나 큰 영향을 미칠 수 있겠습니까. 세계인과 함께 호흡하고 함께 행동하는 '지구촌 연대'는 이제 선택의 문제가 아니라 피해갈 수 없는 생존 현실이 되었습니다. 고립과 분리가 불가능한 시대에 살고 있는 것입니다. 이제는 싫든 좋든 더불어 살아가야 합니다.

지구촌 민주주의에 대해 알려주세요

21세기는 '지구촌 시대'입니다. 우리는 10년 전, 20년 전과 시공간적으로 다른 세계에 살고 있습니다. 우리가 살고 있는 시대는 시간적, 공간적으로 압축된 세계입니다.

아마존 밀림과 지구의 허파

앞에서도 잠깐 얘기했지만 불과 27년 전인 1980년 5월, 전라도 광주에서 191명의 시민이 군인들에게 학살당했습니다. 그런데 같은 나라에 살고 있었으면서도 우리는 한 달 이상이나 이 같은 사실을 모르고 있었습니다.

또 18년 전인 1989년 중국 천안문 광장에서 대규모 민주화 시위가 있었을 때도 한국에 살고 있는 우리는 열흘 이상이나 그 사실을 몰랐습니다. 다시 말해 당시는 시공간적으로 격리가 가능한 시대였다는 것입니다. 만약 똑같은 일이 지금 벌어진다면 어떨까요? 이제는 어떤 독재 정권도 이를 시공간적으로 차단할 수 없습니다. 정보·통신·교통 기술의 혁명적인 발전 때문이지요. 21세기에 도래한 '지구촌 시대'는 이제 누구도 되돌릴 수 없고, 누구도 거부할 수 없는 새로운 현실입니다.

다른 예를 하나 더 들어볼까요. 아마존의 밀림 지대는 광합성 작용으로 지구 산소의 3분의 1을 생산하는 '지구의 허파'로 불리는 곳입니다. 그런데 이 아마존 유역에 살고 있는 화전민들은 숲에 불을 질러 농사를 짓는 전통적인 화전 농법으로 살아가고 있습니다. 문제는 이들의 화전 농법 때문에 매년 수백만 헥타르의 숲이 사라진다는 사실입니다. 아마존의 화전 농법은 몇 백 년 전부터 있어 왔지만 그 전에는 이런 사실을 알지도 못했고, 알았다 해도 우리에게 직접적인 영향을 미친다고는 생각하지 못했습니다. 그런데 이제는 정보·과학 기술의 발전으로 그들과 우리가 밀접한 관계를 맺고 있다는 사실이 밝혀진 겁니다.

봄이면 우리 나라를 덮치는 황사도 같은 사례에 속합니다. 중국 내몽고 지역의 흙먼지가 우리 나라로 넘어오면서 각종 중금속과 세균까지 가져와 우리의 생활과 건강을 위협한다는 것을 모두들 잘 알고 있을 겁니다. 해가 갈수록 심해지는 황사 때문에 '꽃피는 봄'이 아니라 '뿌연 먼지의 봄'이 되고 말았습니다. 정부와 시민 단체들이 중국 정부와 협력해 먼지가 발생하는 내몽고 지역의 사막화를 막기 위해 나무 심기 운동을 하고 있지만 아직은 큰 효과를 보지 못하고 있는 형편입니다. 중국 내몽고와 우리 나라는 이제 떼려야 뗄 수 없는 관계가 된 것입니다.

전 세계가 이렇게 서로 긴밀한 관계로 엮이고 있는 것이 지구촌 시대의 특징입니다. 압축되면 될수록 '나비 효과'는 커지게 되지요. 중국 북경에서 한 마리의 나비가 날갯짓을 하면 미국 뉴욕에 비가 온다는 '나비 효과'는 작고 미세한 움직임 하나도 곧 전체에 영향을 미쳐 큰 변화를 가져온다는 이론입니다.

그렇습니다. 연약한 나비의 날갯짓이 수천 리 떨어진 곳에 비를 뿌린다면, 우리 한 사람 한 사람의 선택과 행동은 지구촌에 얼마나 큰 영향을 미칠 수 있겠습니까. 세계인과 함께 호흡하고 함께 행동하는 '지구촌 연대'는 이제 선택의 문제가 아니라 피해갈 수 없는 생존 현실이 되었습니다. 우리는 고립과 분리가 불가능한 시대에 살고 있는 것입니다. 이제는 싫든 좋든 더불어 함께 살아가야 합니다.

그럼 아마존 화전민들의 문제는 어떻게 해결해야 할까요? 우선 그들에게 화전 농법이 갖고 있는 문제점을 설명해 화전 농법을 그만두게 해야 합니다. 그리고 그들이 화전 농법이 아닌 다른 방식으로 최소한 지금보다는 더 행복하게 살 수 있도록 도와줘야 합니다. 그래야 그들이 지구를 지키는 데 자발적으로 동참할 테니까 말이죠.

이렇게 하기 위해서는 돈이 필요한데, 이 돈을 어떻게 마련하는 것이 좋을까요. 아마존의 산소는 인류 공동의 재산이므로 모든 사람 모든 나라가 공동으로 자신의 처지에 맞게 부담하는 것이 좋겠지요. 이

것이 바로 지구 환경을 지키기 위한 후진국 지원 정책입니다. 그런데 만약 어떤 나라가 '우리하고는 관계없는 일이다' 하고 기금을 모으고 지원하는 일에 반대한다면 어떻게 될까요. 그럴 리가 없다고요? 현실은 그렇지 않습니다. 최강대국 미국부터 이런 움직임에 매우 소극적입니다. 과연 어떤 나라가 지구 공동의 문제 해결에 소극적이고 부정적인지 하나하나 살펴보고 그 나라들이 좀더 적극적으로 나서도록 촉구하는 일도 지구촌 시대를 살아가는 여러분이 해야 할 일 중의 하나일 것입니다.

지구촌 민주주의의 시작

21세기는 민주주의 4단계인 '지구촌 민주주의' 시대입니다. 지금까지의 민주화가 국가 단위로 이루어졌다면 앞으로의 민주화는 지구촌 단위로 이루어져야 합니다. 아프리카의 문제, 아시아의 문제가 따로 있는 것이 아니라는 인식, 지구촌에 사는 인류 중 단 한 명이라도 고통받고 있다면 지구촌 민주주의는 아직 완성되지 않았다는 투철한 연대의식과 공동체적 사명감이 필요합니다.

미국의 부시 대통령은 지구촌에서 가장 힘센 대통령이지만 지구 온난화를 방지하기 위한 국제 협약인 〈교토 의정서〉에 아직까지 서명을 하지 않고 있습니다. 왜 그럴까요. 지구촌 시대, 지구촌 민주주의 시대의 진정한 의미를 잘 몰라서 그러는 것은 아닐까요?

반면 부시 대통령과 같은 공화당 출신의 슈왈츠제네거 캘리포니아 주지사는 부시 대통령이 안 한다면 캘리포니아 주 차원에서라도 지구 온난화 방지를 위한 조치를 취하겠다는 공약을 내걸고 재선에 성공했습니다. 당과 이념을 떠나 많은 사람들이 지구촌 시대의 민주주의에 동참하고자 행동에 나서고 있는 것입니다.

지구촌 민주주의의 미래는 우리 청소년들한테 달려 있습니다. 청소년들은 지구촌 시대에 태어나서 생활했기 때문에 지구촌이 직면하고 있는 문제들에 대해 더 적극적으로 행동할 수 있기 때문입니다. 지구의 미래가 여러분의 두 어깨에 달려 있다는 점, 절대 잊어서는 안 됩니다.

"행동하라 청년이여, 지구촌 미래를 위해!"

정보화 사회

세계가 하나의 지구촌 공동체로 되는 과정에는 정보·통신기술의 획기적 발전이 큰 역할을 했습니다. 그래서 우리는 21세기 지구촌 사회를 동시에 정보화 사회라고 부르기도 합니다. 그렇다면 정보화 사회란 어떤 사회일까요.

정보화란 사회가 정보 네트워크에 의해 재구조화되는 것을 뜻합니다. 정보화는 정보·통신 기술의 발전만을 의미하는 것이 아닙니다. 정보화는 정보 통신 기술의 발전은 물론 이를 운용할 정보화된 인간, 즉 20세기 산업화 시대의 인간형과는 완전히 다른 새로운 인간형이 주도하는 사회라는 뜻이기도 합니다.

정보화 시대 새로운 인간형의 특징은 개방성과 창의성에 있습니다. 개방성의 예를 하나 들어볼까요. 전화는 정보 소통의 중요한 수단입니다. 정보화 시대로 오면서 이와 관련된 기술이 급속도로 발전했죠. 불과 30~40년 전만 해도 한 마을에 한두 대밖에 없던 전화기가 지금은 거의 모든 사람이 휴대 전화기를 가지게 될 만큼 엄청나게 빠른 속도로 발전되었습니다. 다시 말해 전화를 이용하는 사람들이 많아졌다는 것입니다. 일반적인 재화는 독과점 상태에서 높은 가격이 형성되지만 전화와 같은 정보화 매체는 가급적 많은 사람들에게 공유되어야 가치가 높아집니다. 이것이 정보화 시대가 산업화 시대와 결정적으로 다른 점입니다. 정보는 나눌수록 그 가치가 커집니다. 정보화 시대가 '개방성'을 생명으로 하는 이유입니다.

그렇다면 창의성은 무엇을 뜻할까요? 아래에서 살펴보겠습니다.

우리는 정보의 홍수 시대에 살고 있습니다. 우리가 매일 접하는 뉴스, 정보들을 '1차 정보(data)'라고 합니다. 우리는 이 1차 정보를 우리의 관점과 입장에 맞춰 재해석합니다. 이것이 '2차 정보(information)'입니다. 우리가 누군가에게 '정보'를 전해준다고 할 때 이 '정보'는 'data'가 되기도 하고 'information'이 되기도 합니다. 이때 'data'를 전해주는 '나'는 단순한 전달자에 불과하지요.

좀더 구체적으로 예를 들어보죠.

철수는 아침에 신문을 할아버지께 가져다드렸습니다. 이때 '단순 전달자'입니다. 신문을 보시던 할아버지가 철수에게 말씀하셨습니다. "오후에 비가 올 거라고 하니 학교 갈 때 우산을 꼭 챙기거라" 할아버지는 '오후에 비가 올 것'이란 1차 정보를 철수에게 전달하면서 '우산을 가져가라'는 2차 정보를 주셨습니다. 철수는 할아버지 말씀을 듣고 오후에 있을 축구 연습을 내일로 미루기로 했습니다. 할아버지의 정보를 재해석해 일정을 바꾼 철수는 정보의 단순 전달자가 아니라 정보의 생산자가 된 것입니다.

만약 철수가 단순 전달자에 머물렀다면, 할아버지의 말씀대로 우산을 가져가 비는 안 맞았겠지만, '비 오는 날 축구 연습'이라는 곤란한 상황을 맞았을 겁니다. 이렇듯 정보의 단순한 전달자로 남을 것이냐 적극적으로 재해석해 생산하고 전파하는 정보 생산자가 될 것이냐는 정보화 시대를 살아가는 우리 모두에게 중요한 선택의 문제입니다.

양극화 해소, 평화 정착, 생태 환경 보존

21세기 지구촌 시대를 맞아 우리가 세계의 주인으로서 책임 있게 행동하기 위해서는 다음 3가지 문제에 현명하게 대처하고 해결해나가야 합니다.

양극화 해소, 평화 정착, 지속 가능한 생태 환경 보존이 그것입니다.

양극화는 부의 양극화, 정보·지식의 양극화, 문화의 양극화 등 모든 영역에 걸쳐 나타나고 있는 현상입니다. 양극화란 '부익부, 빈익빈', 즉 부자는 더 부자가 되고 가난한 사람은 더 가난해지는 현상을 가리키는 것입니다. 이런 현상은 사실 경쟁 사회라면 어느 정도는 피할 수 없는 현상이라고 할 수도 있습니다. 문제는 이러한 차이가 너무 커지고 이것이 고착되는 데 있습니다.

상식을 가진 사람이라면 사람마다 능력과 성격의 차이가 있다는 것을 인정할 겁니다. 똑같이 백 원을 벌어도 십 원을 저축하는 사람과 백 원을 다 써버리는 사람이 있게 마련입니다. 그래서 어느 정도의 차이는 누구나 인정합니다. 저 사람은 나보다 열심히 노력하고 아껴서 부자가 되었으니 시비할 것 없다는 거죠.

그럼 도대체 어느 정도가 '인정할 수 있는 차이'일까요.

아직 정설은 없지만 대체로 다섯 배 정도라고 사람들은 말합니다. 가장 못사는 사람이 백 원을 벌 때 가장 잘사는 사람이 오백 원을 버는 것 정도는 이해하고 인정할 수 있다는 거죠. 그러나 가장 못사는 사람이 백 원을 벌 때 잘사는 사람들이 천 원, 만 원을 벌어서 그 차이가 열 배, 백 배가 된다면 상식적으로 인정하기 어렵다는 것이지요. 이렇게 되면 사람들 사이에서 불평불만이 생기고 갈등이 발생해 사회가 불안정해지게 됩니다. 잘살기 위해 열심히 노력하는 것이 아니라 아예 포기하고 맙니다. 이에 따라 사회는 계층 이동이 안 되고 경직됩니다. 혈액 순환이 안 되면 동맥경화 같은 질병에 걸리는 것과 마찬가지로 사회도 쇠퇴하게 되는 것입니다.

정보·지식의 양극화나 문화의 양극화 현상이 세계적으로 심각해지고 있다는 사실은 더 말할 필요도 없습니다. 하루에도 수천 명씩 굶어 죽는 아프리카나 동남아시아 빈국에서 어떻게 문화를 향유하고 인터넷 정보를 공유할 수 있겠습니까. 정보·지식의 양극화와 문화의 양극화는 다시 부의 양극화를 부채질함으로써 양극화를 고착시키는 악순환의 고리를 만들어냅니다.

잘사는 나라 안에서의 양극화도 심각합니다. 특히 정보·지식의 양극화는 세대 간에도 발생합니다. 인터넷의 바다에서 태어나고 자란 세대와 초보적인 컴퓨터 기술도 익히지 못한 부모 세대 간의 양극화는 매우 심각해서 어떤 경우에는 의사소통의 단절까지 불러옵니다. 모든 면에서 사회적 약자인 청소년이 유일하게 부모 세대에 대해 사회적 강자로 행동할 수 있는 영역도 바로 이 정보·지식 영역일 것입니다.

양극화된 세계에서 진정으로 행복할 수 있는 사람은 아무도 없습니다. 굶주려 죽어가고 있는 아이들을 보면서 잔칫상을 차려놓고 행복해할 수 있는 사람이 과연 몇이나 될까요? 행복을 위해 행동하려면 가장 먼저 양극화 해소를 위해 행동해야 합니다.

평화는 선택이 아니라 필수

전쟁과 평화의 문제는 인류가 지구상에 출현한 이래로 단 한 번도 완전히 해결된 적이 없는 문제입니다. 전쟁의 원인 또한 참으로 다양합니다. 고대의 노예 쟁탈 전쟁이나 식민지 쟁탈 전쟁은 경제적 요인이 원인이었습니다. 중세의 십자군 전쟁은 종교 전쟁이나 문화 전쟁의 성격을 강하게 띠고 있었구요. 그런가 하면 6·25 전쟁이나 베트남 전쟁은 이념 전쟁의 성격이 강하고 세르비아 전쟁이나 콩고 내전은 인종 전쟁의 성격이 강합니다. 심지어 영국과 아이슬란드 간에는 대구의 어업권 확보를 위한 '대구(大口) 전쟁', 엘살바도르와 온두라스 간에는 '축구 전쟁' 까지 있었습니다. 어쩌면 인류가 존재하는 한 전쟁은 영원히 계속될지도 모르겠습니다. 그래서 클라우제비츠(Clausewitz, 1780~1831. 프로이센의 장군)는 전쟁을 '정치의 다른 형태', '외교의 폭력적 형태' 라고 말하기도 했습니다.

1945년을 기점으로 그 이전의 전쟁과 그 이후의 전쟁은 완전히 성격을 달리하게 되었습니다. 그것은 핵무기의 출현 때문이었습니다. 핵무기 시대의 전쟁과 평화의 문제는 인류 전체의 생존의 문제입니다. 핵무기는 이전까지의 전쟁의 성격을 완전히 바꿔버렸습니다.

이전의 전쟁은 기본적으로 양적인 전쟁이었습니다. '탱크가 100 : 80, 비행기가 90 : 100, 육군의 수가 120 : 80이므로 우리가 6 : 4 정도로 유리하다' 하는 식의 계산이 가능했지요. 그러나 핵무기가 등장한 후에는 핵무기가 있으면 '100', 없으면 '0' 으로 계산되었습니다. 재래식 무기가 아무리 많아도 핵무기 앞에서는 아무런 위력을 발휘하지 못하게 된 겁니다. 다시 말해 핵을 가진 나라와 그렇지 못한 나라 사이에 넘을 수 없는 장벽이 쳐진 것입니다. 또한 핵무기 시대에는 실제로 사용하는 것이 아니라 유사시 상대의 공격을 무력화시키거나 공격받기 전에 상대를 타격할 수 있는 능력을 과시하는 것이 매우 중요해졌습니다. '핵 억지력'을 보유해야 했던 것이죠.

문제는 경쟁하는 핵 억지력을 계속 보유하기 위해서는 지속적인 군비 증강이 불가피하다는 데 있었습니다. 쉽게 말해 핵전쟁을 막기 위해 지속적으로 핵 개발 경쟁을 해야 하는 딜레마에 빠지게 된 것입니다.

이리하여 인류는 최초로 공멸의 위기에 노출되었습니다. 핵무기를 다루는 사람들의 사소한 실수 하나로도 인류 멸망이라는 대재앙이 올 수도 있게 된 것입니다. 뭔가 시급한 조치가 필요했습니다. 미국과 구 소련이 전략 핵무기 감축 협상에 나섰던 것도 이런 전 인류의 위기 위식을 바탕으로 한 것이었습니다.

1980년대 후반 냉전 체제가 해체된 후 핵 개발을 주도했던 미국과 구 소련은 핵무기 감축을 시작해 상당한 성과를 쌓았지만 우리는 여전히 핵전쟁의 위협으로부터 벗어나지는 못한 상태입니다. 미·소 간 핵전쟁의 위협은 사라졌지만 핵무기를 이용한 테러, 생화학 무기 사용으로 인한 대량 살상 등 새로운 위험 요소들이 나타났습니다. 전쟁은 어떤 것이든 가장 잔인한 인간 말살의 현장이고 21세기 지구촌 시대를 위협하는 최대의 적입니다. 냉전이 해체된 1980년대 이후에도 인종 간, 종교 간 전쟁이 끊이지 않고 있습니다. 미국과 소련이 어느 정도 통제 가능했던 냉전 시대와 달리 전 세계 모든 지역이 잠재적인 분쟁,

전쟁 발생지대가 되었다해도 과언이 아닐 정도입니다.

전쟁을 억제하고 평화를 유지하기 위한 인류의 공동 노력이 지금도 계속되어야 하는 이유가 바로 여기에 있습니다.

'깨끗한 옷'을 입자

지속 가능한 생태 환경을 보존·관리하는 문제는 지구촌의 책임 있는 주인으로서 인간의 역할과 직결되어 있습니다. 지속 가능한 생태 환경의 보존·관리 문제는 본질적으로 돈과 사람 간의 선택의 문제입니다. 생태 환경의 파괴는 인간보다는 돈을 앞세운 무분별한 개발 때문입니다. 또한 생태 환경의 보존 관리를 위한 비용을 회피하고 있기 때문이기도 합니다. 에너지를 가장 많이 쓰는 나라인 미국이 〈교토 의정서〉에 서명하기를 거부하는 것도 그들이 부담해야 할 비용 때문입니다.

아직도 많은 사람들이 인간보다 돈을 선택하고 있는 것 같습니다. 아직도 많은 기업들이 세계 곳곳에서 몇 푼의 돈을 아끼기 위해 오폐수를 무단 방류하고 있습니다. 이렇게 오염된 하천을 정화하는 데 수백, 수천 배의 비용이 들어가는데도 말입니다. 오직 내 손안의 돈만 돈이라는 이기주의 때문에 이런 파렴치한 범죄 행위가 계속되고 있는 것입니다.

사실 근원적으로 보면 환경 파괴로부터 누구도 자유로울 수 없는지도 모릅니다. 우리가 매순간 쓰고 있는 전기, 수돗물, 각종 일회용품, 이 모든 것이 어떤 형태로든 생태 환경에 부담을 주고 있으니까요. 지속 가능한 생태 환경의 보존, 관리가 몇몇 전문가들의 문제가 아니라 우리 모두의 문제라는 점을 분명히 깨달아야 할 때입니다.

북유럽에서 전개되고 있는 'clean cloth'(깨끗한 옷 입기 운동)의 사례를 소개하는 것으로 이 문제에 대한 논의를 마무리 짓겠습니다.

7~8명의 자원 봉사자로 이루어진 이 단체는 인터넷과 홍보 전단지, 그리고 길거리 홍보를 통해 매우 평화적으로 운동을 펼치고 있습니다. 이들이 말하는 '깨끗한 옷'은 단지 상태가 좋은 옷을 의미하지 않습니다. 그 옷이 얼마나 도덕적으로 정당하게 만들어졌느냐를 말하는 것이지요. 이 단체의 주장을 요약하면 다음과 같습니다.

1) '깨끗한 옷'을 입읍시다. 같은 값이면 깨끗하고 아름다운 옷을 사 입읍시다.

2) '더러운 옷'을 사지 맙시다. 모르고 샀다면 반품합시다.

3) 어떤 옷이 '깨끗한 옷'이고 어떤 옷이 '더러운 옷'인지 한번 생각

해봅시다.

수천 마리의 밍크를 학살해 만든 고가의 코트를 과연 '깨끗한 옷'이라고 할 수 있을까요. 파키스탄에 사는 12살 소년이 노예와 같은 반감금 상태에서 하루 18시간씩 일해 만든 순면 블라우스를 '깨끗한 옷'이라고 할 수 있을까요.

싼값에 염색을 하느라 오폐수를 마구 하천에 방류해 물고기조차 살 수 없는 죽은 하천으로 만들면서 만들어진 가죽 점퍼를 '깨끗한 옷'이라고 할 수 있을까요.

동물을 학살하고, 어린이를 강제 노동시키고, 자연을 황폐화시키면서 만들어진 옷들이 깨끗하지 않다고 생각한다면, 이 옷들을 사지 맙시다.

이 옷을 만들어 파는 기업들에게 항의합시다.

이 옷을 만들어 수출하는 국가들에게 항의합시다.

이 행동은 당신이 진정으로 깨끗한 옷을 입기 위한 최소한의 행동입니다.

　영국의 정치가 피트는 "국제 사회에는 영원한 적도 영원한 친구도 없다"고 했단다. 냉혹한 국제 정치의 현실을 잘 표현한 말이지. 국제 사회는 국가 이익을 관철시키기 위해 국가들 간에 적나라한 권력 투쟁이 벌어지는 곳이란다. "만국에 대한 만국의 투쟁", 말 그대로 '정글의 법칙'이 지배하는 곳이지. 이를 조정하기 위해 UN 같은 국제 기구가 설립되었지만 국가 간의 적나라한 권력 투쟁을 멈추게 할 수는 없단다.

　독일의 철학자 칸트는 국제 사회도 언젠가는 합리적 이성이 지배하게 될 거라고 믿었어. 그래서 칸트는 '세계 정부'를 구상했단다. 세계 정부가 국가 간 갈등을 해결하면 '영구 평화'가 가능하다는 것이었어. 칸트의 구상은 지금까지의 인류 역사에 비춰보면 '이상론'에 불과해보여. 그러나 미래의 어느 시점에 칸트의 이상주의적 구상이 구현되지 말란 법도 없겠지.

　아무튼 현실적으로 국제 관계는 합리적 이성에 의해서가 아니라 각각의 이해관계에 따라 움직인단다. 그런데 이 이해관계에 대한 각 국의 선택이 어느 순간 관련 국가들 간의 힘의 균형(balance of power)을 만들어내는 때가 있단다. 가장 대표적인 균형 상태는 여러 국가가 서로 경쟁한 결과 어느 국가도 일방적으로 주도할 수 없는 상태가 되는 경우야. 이러한 균형 상태에서는 적어도 전쟁은 발발하지 않아. 어떤 나라도 균형을 깨뜨려 나머지 나라들을 한꺼번에 적으로 돌리지는 않으려 할 것이니까 말이야.

　미국, 러시아, 중국, 일본 등 세계 최강대국들 사이에 둘러쌓인 우리 나라가 외교적으로 살아남는 길도 이들 나라 간의 경쟁이 균형 상태에 도달해 현상유지 되도록 하는 거란다. 균형 상태에 도달하는 것은 매우 미묘하고 섬세한 외교 기술올 필요로 하지. 하지만 최강국이 아니어도 지렛대를 잘 활용하면 일정한 상황에서 주도적인 역할을 할 수도 있단다. 유럽의 스위스, 덴마크, 스칸디나비아 여러 나라들이 영국, 프랑스, 독일 등 강국들과의 관계에서 조정자 역할을 함으로써 영향력을 극대화해온 것도 이런 맥락에서 이해할 수 있는 거야.

국제 사회는 분명 정글의 법칙이 지배하는 약육강식의 세계야. 그러나 세력 균형의 원리를 잘 활용하면 작은 나라도 큰 힘을 발휘할 수 있고 정글의 법칙을 상생의 원리로 전환시켜낼 수도 있을 거란다.